Über den Autor:

Peter ist ein erfolgreicher Romanautor und Cheflektor und leitet eine Filmproduktionsfirma. Er war ein passionierter Junggeselle und Katzenhasser, bevor ihm seine Freundin einen kleinen grauen und unglaublich hübschen Scottish-Fold-Kater schenkte. Die Freundin verabschiedete sich eines Tages, aber Norton blieb – denn Peter und er waren längst unzertrennlich.

PETER GETHERS

Klappohrkatze

Wie ich vom Katzenhasser
zum Dosenöffner wurde

Aus dem amerikanischen Englisch von
Katharina Kramp

BASTEI
LÜBBE
TASCHENBUCH

BASTEI LÜBBE TASCHENBUCH
Band 60245

1.+2. Auflage: September 2011
3. Auflage: November 2011

Vollständige Taschenbuchausgabe

Bastei Lübbe Taschenbuch in der Bastei Lübbe GmbH & Co. KG

Die deutsche Erstübersetzung ist 1993 im Goldmann Verlag unter dem Titel
»Die Katze, die nach Paris reiste« erschienen.

Für die Originalausgabe:
Copyright © 1991 by Peter Gethers
unter dem Titel »The Cat Who Went to Paris«
Copyright © 2009 by Peter Gethers
unter dem Titel »A Cat Called Norton«
Amerikanischer Originalverlag: Crown Publishers, Inc
Englischer Originalverlag: Doubleday
2009 erschienen bei Ebury Press, Ebury Publishing –
A Random House Group company

Für die deutschsprachige Ausgabe:
Copyright © 2011 by Bastei Lübbe GmbH & Co. KG, Köln
Textredaktion: Carolin Stephan, Berlin
Titelbild: © Cover design by Two Associates
Umschlaggestaltung: Tanja Østlyngen
Satz: hanseatenSatz-bremen, Bremen
Gesetzt aus der Serifa Light
Druck und Verarbeitung: GGP Media GmbH, Pößneck
Printed in Germany
ISBN 978-3-404-60245-2

Sie finden uns im Internet unter
www. luebbe.de
Bitte beachten Sie auch: www.lesejury.de

Der Preis dieses Bandes versteht sich einschließlich
der gesetzlichen Mehrwertsteuer.

Für Dad. Du fehlst uns

Für Mom. Wir wissen, was wir an Dir haben.

Für Janis. Ich kann nicht glauben, dass Du mir das
hier erlaubst.

Für Norton. Was soll ich sagen? Solange ich da bin, wird
es Dir nie an Pounce fehlen.

Danksagung

Mein erster und besonderer Dank gilt Leona Nevler. Sie hatte die Idee zu diesem Buch, dachte sich einen Titel aus, vertraute darauf, dass ich es schreiben konnte, und schaffte es, das Ergebnis mit den richtigen Vorschlägen zu verbessern. Genau das macht eine großartige Lektorin aus.

Esther Newberg hat auch ein oder zwei (oder hundert) Zeilen verdient, weil sie mich davon überzeugte, dass es eine gute Idee war, und weil sie überhaupt die perfekte Agentin ist.

Kathleen Moloney ging das Manuskript Wort für Wort durch, einfach aus Gefälligkeit. Das war unbezahlbar.

Ohne meinen Bruder Eric hätte ich Norton nicht. Dafür kann ich ihm niemals auch nur ansatzweise genug danken.

Und ich danke auch allen, die mich über sich schreiben ließen (ob sie davon wussten oder nicht).

 **Vorwort**

Vor ein paar Wochen habe ich – mit sechsunddreißig Jahren – zum ersten Mal in meinem Leben ein Testament verfasst. Ich fühlte mich danach leicht melancholisch, ziemlich alt und irgendwie sentimental. Um dieses Gefühl mit jemandem zu teilen, erwähnte ich meiner Mutter gegenüber, dass ich darin – ziemlich großzügig, wie ich fand – meine New Yorker Wohnung Morgan, dem einjährigen Sohn meines Bruders Eric, hinterlassen hatte. Statt des erwarteten mütterlichen Stolzes sah sie mich an, als hätte ich sie nicht mehr alle.

»*Darfst* du das denn?«, fragte sie.

Ich verstand den verwirrten Blick aus ihren weit aufgerissenen Augen nicht, vor allem, weil ihr kleiner Enkel für meine Mutter auf der Skala der bahnbrechenden menschlichen Leistungen irgendwo zwischen Mahatma Gandhi, Thomas Jefferson und der Baseball-Legende Bo Jackson rangiert.

»Warum sollte ich das nicht dürfen?«, fragte ich ein bisschen irritiert. »Ich meine, ich hoffe, dass er sie erst in vierzig oder fünfzig Jahren bekommt, aber falls es doch früher passiert, dann geht sie erst an Eric und er kann …«

»Du willst sie *Morgan* vermachen?«, unterbrach sie mich.

»Ja. Wem denn sonst?«

»Ich dachte, du hättest Norton gesagt«, erklärte meine gute alte Mom.

»Meiner *Katze*? Du dachtest, ich hätte meine Wohnung meiner *Katze* hinterlassen?«

»Na ja«, sagte sie in ihrer mütterlichen Weisheit und zuckte mit den Schultern, »bei Norton kann man ja nie wissen.«

1. Kapitel

Bevor die Katze namens Norton in mein Leben kam

Dieses Buch handelt von einer außergewöhnlichen Katze. Wobei das Außergewöhnliche an *jeder* Katze der Effekt ist, den sie auf ihren Besitzer hat. Eine Katze zu haben, vor allem von klein auf, ist ein bisschen so, als hätte man ein Kind. Man füttert sie, tut sein Bestes, um sie zu erziehen, spricht mit ihr, als würde sie einen verstehen – und als Lohn dafür möchte man, dass sie einen liebt. Sie kann einen mit ihrer Unabhängigkeit in den Wahnsinn treiben. Sie kann, genau wie ein Kind, in ihrem Besitzer das überwältigende Bedürfnis wecken, sie vor allem Bösen zu bewahren. Sie ist klein und verletzlich, und es ist wunderbar, sie im Arm zu halten – wenn sie einen lässt. Und sie muss sich auch ähnlich häufig übergeben.

Wie Kinder existieren Katzen auf einer anderen und vermutlich höheren Ebene als wir, aber wie Kinder werden auch sie teilweise durch ihre Beziehung zu ihren Eltern geformt. Und obwohl kleine Katzen alle möglichen ganz erstaunlichen Dinge tun können, wie sich in einer unfassbar engen Nische verstecken und sich weigern, gefunden zu werden, ganz egal, wie spät man schon dran ist für den Termin, zu dem man sie mitnehmen will, können sie doch keine Autobiografie schreiben. Das bleibt immer noch den Menschen überlassen. Deshalb ist das hier zwangsläufig auch ein Buch über Menschen. Und über Beziehungen. Und über alle möglichen anderen Dinge, mit denen Katzen eigentlich nichts zu tun haben, aber in die sie sich trotzdem gerne einmischen.

Dass ich überhaupt zu einem Katzenbesitzer wurde, war reiner Zufall. Tatsächlich wurde ich einfach dazu gemacht, obwohl ich mich mit Händen und Füßen dagegen wehrte.

Zur Verdeutlichung: Vor etwas mehr als sieben Jahren bat mich jemand, zehn Dinge über mich und mein Leben aufzuschreiben, von denen ich absolut überzeugt war und die ich für unumstößlich wahr hielt. Diese Person, eine Frau, mit der ich damals zusammen war, bat mich vermutlich darum, weil sie mich für einen Menschen ohne Gefühle oder große Leidenschaften hielt. Außerdem hatte sie, wie ich glaube, einfach zu viele Jahre bei teuren Psychiatern in New Yorks Upper East Side auf der Couch gelegen und selbst viel zu viele solcher Listen angefertigt. Tatsächlich bin ich ein Mensch mit vielen Gefühlen und vielen Leidenschaften. Ich habe nur nicht viel für sie empfunden. Die Leute machen diesen Fehler oft in Beziehungen. Sie haben das Gefühl, dass mit jemandem, der nicht das tut, was sie von ihm erwarten, etwas *nicht stimmen kann*. Es ist wahrscheinlich einfacher, mit einer solchen Einstellung durchs Leben zu gehen, anstatt sich der Tatsache zu stellen, dass vielleicht etwas mit den eigenen Erwartungen oder der eigenen Weltanschauung nicht stimmen könnte. Oder mit dem Leben an sich.

Ich habe schließlich – und obwohl mein Instinkt mir davon abriet – die Dinge über mich und mein Leben aufgelistet, die ich für wahr hielt. Das ist noch ein Fehler, den Leute in Beziehungen machen (und den Katzen *niemals* machen): Wir tun unglaublich viele dumme Sachen, nur um nicht allein zu sein.

Jedenfalls ist das hier die Liste, die dabei herauskam:

1. Ich werde niemals die Republikaner wählen.
2. Die Liebe hält normalerweise keiner näheren Betrachtung stand ...
3. ... nur die zu Baseball. Ich liebe Baseball – ich sehe mir die Spiele an, höre die Übertragungen im Radio, rede darüber und lese die Ergebnisse. Ich bin ein Baseball-Junkie.
4. Das Leben ist ziemlich traurig mit einem noch traurigeren Ende, deshalb ist alles, was es für einen Moment erträglicher macht, okay. Vor allem, wenn es lustig ist.
5. Ich bin nicht gerne Teil von irgendetwas – einer Religion, einem Softball-Game, einer Firma, einer Regierung, egal was. Sobald aus *jemandem etwas* wird, ist sie oder er in meinen Augen verloren.
6. Freundschaft muss man sich verdienen. Sie ist zu wichtig, um sie an jemanden zu verschwenden, der sie nicht will, der sie nicht erwidert oder der sie nicht verdient hat. Soweit ich das beurteilen kann, haben Menschen in der Regel nicht viele innere Werte, Freunde jedoch schon.
7. Es gibt eigentlich keinen Grund für Grausamkeit.
8. Andererseits ist mir unterhaltsam und intelligent auf jeden Fall lieber als nett.
9. Es ist mir egal, was alle anderen sagen: Ich finde, dass Meryl Streep eine lausige Schauspielerin ist.
10. Ich hasse Katzen.

Im Laufe der Jahre, die seitdem verstrichen sind, blieben einige dieser unumstößlichen Dinge tatsächlich bestehen. Andere veränderten sich ein wenig, einige sogar so weit, dass sie kaum noch wiederzuerkennen sind. Und einer der oben genannten Punkte ist so lächerlich, dass ich nicht mehr verstehe, wie mir so etwas jemals durch den Kopf gegangen, geschweige denn über die Lippen gekommen und schließlich auf dieses Papier gelangt sein kann.

Die Punkte 1, 3, 6 und 7 treffen noch immer hundertprozentig zu.

Nummer 4 im Grunde auch, obwohl ich das Wort »alles« in diesem Zusammenhang sehr viel stärker einschränken würde. Es gibt entsetzliche Dinge, die ich mir nicht vorstellen konnte, als ich damals diese Liste anfertigte: Vollkornmüsli, Crack, Titelgeschichten im *People*-Magazin über Prominente auf Entziehungskur, Gangbangers, Fortsetzungen und Abe Rosenthals ›On My Mind‹-Kolumne in der *New York Times*.

Nummer 8 und 9 sind ein bisschen schwierig. 8 hängt jetzt immer stärker davon ab, welche Laune ich gerade habe und wie anstrengend mein Tag war. Und Meryl Streep kann den australischen Akzent wirklich unglaublich gut nachmachen.

Nummer 5 hat sich ein bisschen verändert. Ich habe inzwischen etwas gefunden, von dem ich Teil sein will.

Nummer 2 hat ganz viel mit Nummer 5 zu tun, wie sich im Laufe dieses Buches noch herausstellen wird, und beide haben sich, unfassbar eigentlich, verändert wegen Nummer 10.

Ach ja, Nummer 10 …

Nun, da sind wir bei einem Anflug jugendlichen Leichtsinns angelangt, einer Aussage, die mit einer solchen Unwissenheit getroffen wurde, dass es eigentlich kaum zu fassen ist …

Denn inzwischen habe ich eine Katze. Norton.

Ich behandele diesen Kater so, wie nur wenige Tiere –

oder Menschen, was das angeht – jemals behandelt wurden.

Wenn er mitten auf dem Bett liegt und schläft, wenn mein Tag gerade zu Ende geht, dann rolle ich mich auf einer Ecke der Matratze zusammen und nehme gerne einen steifen Nacken und Rückenschmerzen in Kauf, nur um ihn nicht zu stören.

Ich nehme Norton überallhin mit. Er war schon Skilaufen in Vermont, auf einem Autorenkongress in San Diego, in den besten Restaurants von Amsterdam und viele Male in Paris. In einem der besten Hotels der Stadt, dem Tremoille, erkundigt sich die Frau an der Rezeption, wenn meine Assistentin dort anruft, um ein Zimmer für Mr. Gethers zu reservieren, immer gleich: *»Avec son chat?«*

Ich habe mir ein Haus in Sag Harbor gekauft, einer fast märchenhaft schönen Stadt am Ende von Long Island, und obwohl es auch noch viele andere Gründe gab, dorthin zu ziehen, war der geheime und eigentliche Grund für den Kauf, dass meine Katze es *liebt*, durch einen Garten zu toben.

Eine meiner Freundinnen hat mit mir Schluss gemacht, weil sie glaubte, ich würde Norton mehr lieben als sie. Was auch der Fall war. Und ich bin einmal mit einer anderen Freundin nicht in mein Lieblingshotel in ganz Amerika in Urlaub gefahren, weil die dort keine kleinen, äußerst wohlerzogenen Katzen aufnehmen wollten.

Ich mache mir Sorgen um Norton, ich rede so viel über ihn (und mit ihm, wie ich zugeben muss), dass es an Idiotie grenzt, und wenn er nicht in halber Armeslänge von meinem Kopfkissen schläft – was er mindestens einmal in der Woche nicht tut –, dann schlafe ich nicht gut. Ich mache mir dann ernsthaft Sorgen, ob er wegen irgendetwas böse auf mich ist.

Manchmal – und es fällt mir besonders schwer, das öffentlich zuzugeben – lasse ich ihn von meinem Löffel essen. Normalerweise Eis oder Joghurt. Schokoladengeschmack mag er am liebsten, und es ist ziemlich lustig, ihn dabei zu beobachten, wenn er beschließt, dass er diesen verdammten Löffel jetzt blitzblank schlecken wird.

Es ist durchaus keine einseitige Liebe. Er tut alle möglichen Dinge für mich, die für eine Katze ziemlich außergewöhnlich sind.

Er geht mit mir spazieren. Ohne Leine. Am Strand, wo ihn keine Autos stören, ist er schon gut drei Kilometer lang in einem Radius von zweieinhalb Meter hinter mir bis einen Meter vor mir gelaufen. Auf belebten Straßen sind drei Blocks sein Rekord. Meistens begleitet er mich sonntagmorgens, wenn ich zu Sean's Murray Hill Market in Sag Harbour schlendere.

Norton wartet überall auf mich, egal, wo ich ihn zurücklasse. Wenn ich in einem Hotel bin, kann ich ihn draußen am Pool oder im Garten zurücklassen und ihn dort den ganzen Tag oder die ganze Nacht lang spielen lassen. Wenn ich dann zurückkomme, ist er nirgends zu sehen, aber sobald ich ihn rufe oder pfeife, miaut er genau einmal, springt dann aus seinem Versteck und kommt zu mir gelaufen. Ich glaube wirklich, dass ich ihn mitten im afrikanischen Urwald aussetzen und ein Jahr lang dort zurücklassen könnte und er trotzdem, wenn ich zurückkäme und den Busch wiederfände, unter dem er zuletzt gesichtet wurde, dort auf mich warten würde.

Er rauft gerne. Sein Lieblingsspiel ist, sich auf meine Hand zu stürzen, die sich unter einem Laken bewegt, und zu versuchen, sie zu fressen – aber er würde *niemals* irgendeinen Teil von mir beißen oder kratzen, den er als zu mir gehörig erkennt. Wenn er manchmal in der Hitze des Gefechts über die Stränge schlägt und eine Kralle nicht rechtzeitig eingezogen ist, wenn meine Hand unter dem Laken hervorkommt, dann erstarrt er bei meinem Schmerzensruf, legt die Tatzen über die Augen und drückt beschämt seine Nase ins Kissen, bis ich ihm über den Kopf streichle und ihm versichere, dass es mir gut geht.

Er setzt sich auf den Wannenrand, wenn ich ein Bad nehme.

Wenn ich, was ich manchmal vergesslicherweise tue, eine Tür zu einem Zimmer schließe und Norton noch draußen ist, dann heult und miaut er wie besessen, bis ich die Tür öffne. Er mag es nicht, draußen zu sein, wenn ich drinnen bin.

Er vertraut mir.

Er ist ein echter Trost, wenn ich traurig bin, und sorgt dafür, dass Glücklichsein viel mehr Spaß macht.

Er hat mit mir Liebeskummer und Krankheit und Tod durchlitten.

Ich liebe meinen Kater, falls Sie das bis jetzt noch nicht kapiert haben sollten. Er hat mich gezwungen, meine Liste von unumstößlichen Wahrheiten zu ändern.

Und dadurch hat er mein Leben verändert.

Wenn ein kleines graues Tier so etwas für einen tut, wie kann man es dann nicht mitten auf dem Bett schlafen lassen, wenn es müde ist?

2. Kapitel

Die Katze, die nach New York kam

Haben Sie schon mal eine Scottish Fold gesehen?

Ein Katzenbuch, das ich mal gelesen habe, wagt es, die Rasse als »Mutation« zu bezeichnen. Tatsächlich sind es unglaublich hübsche Katzen, deren Ohren auf der Hälfte nach vorn und unten zusammengefaltet sind, sodass sie etwas Eulenähnliches haben. Ihre Köpfe sind ein bisschen runder als der normale Katzenkopf und ihre Körper, zumindest bei allen, die ich gesehen habe, scheint kompakter, fester und muskulöser zu sein. Offiziell sind es kurzhaarige Katzen, aber ich würde sie inoffiziell irgendwo zwischen Lang- und Kurzhaar einordnen. Sie fühlen sich besonders weich und flauschig an. Ihr Temperament reicht von lieb bis lieber. Alle, die ich kennengelernt und mit denen ich Zeit verbracht habe, sind intelligent, können meiner Katze in dieser Hinsicht aber natürlich nicht das Wasser reichen.

Sie stammen tatsächlich aus Schottland. Offenbar wurde die Erste auf einer Farm in der Nähe von Dundee entdeckt, von Leuten namens William und Mary Ross. Alle Katzen mit Faltohren, die heute herumlaufen, können ihren Stammbaum bis zu Susie zurückverfolgen; so nannten die Ross' nämlich die Erste, die sie entdeckten.

Ich hörte zum ersten Mal von einer Scottish Fold, als

ich mit meinem Bruder Eric telefonierte, der in Los Angeles lebt. Wir redeten über das Leben (es lief offenbar gut), über die Arbeit (da er Drehbuchautor ist, war sie hart, gemein und voller tückischer Intrigen), über Frauen (sie wurden immer jünger) und unsere Gesundheit (wir wurden immer älter). Das Gespräch war schon fast vorbei, als er die Bombe platzen ließ.

»Ach, übrigens«, sagte er beiläufig. »Habe ich dir eigentlich schon erzählt, dass ich jetzt eine Katze habe?«

Wenn das ein Drehbuch gewesen wäre, dann hätte an der Stelle in Klammern »Lange Pause« gestanden, weil es eine lange war. Eine wirklich lange. In dieser wirklich langen Pause rollten mir die Augen nach hinten in den Kopf, mein Unterkiefer klappte so weit runter, wie es ging, und ich war sicher, dass die Welt gerade komplett verrücktspielte.

»Du hasst Katzen«, erinnerte ich ihn, als ich endlich wieder sprechen konnte.

»Ich weiß«, war seine Antwort. »Aber diese ist anders.«

Dann beschrieb er mir meine erste Scottish Fold, die er Henry genannt hatte. Seine Ausführungen beeindruckten mich herzlich wenig.

»Aber du hasst Katzen«, wiederholte ich. »Wir beide hassen Katzen. Wir verabscheuen sie und finden sie widerwärtig. Das haben wir immer getan und das werden wir immer tun.« Etwa zu diesem Zeitpunkt fing ich an, weinerlich zu klingen. »Wir mögen *Hunde*.«

Ich merkte, selbst über die Entfernung von fünftausend Kilometern, dass mein Bruder auf seine spezielle, äußerst nervtötende, überlegene Weise lächelte. Das tat er immer, wenn er glaubte, ich hätte etwas Dämliches gesagt.

»Du wirst schon sehen«, sagte er erneut. »Diese Katze ist anders.«

An der Stelle muss ich ein bisschen weiter ausholen.

Meine damalige Freundin hieß Cindy Wayburn. Wir waren zu diesem Zeitpunkt seit etwa drei Jahren zusammen und relativ glücklich miteinander. Irgendwann sechs Monate zuvor hatte Cindy mir gegenüber einmal beiläufig erwähnt, dass sie darüber nachdachte, sich eine Katze anzuschaffen. Ich erwähnte genauso beiläufig, dass sie, falls sie das tatsächlich tun sollte, in einer anderen Wohnung nächtigen musste als meiner.

Wir stritten uns, wir diskutierten, wir stritten uns wieder. Sie bettelte. Ich stellte meine »Katzen gehen gar nicht«-These auf und wir stritten uns noch mehr. Sie wandte sogar ein, dass es gut für *mich* wäre, ein Haustier zu haben. Ich hatte einmal den Fehler gemacht, ihr gegenüber zu erwähnen, dass ich ein Tier im Haus vermisste, dass es sich ohne einsam anfühlte.

»Ein Haustier, ja«, sagte ich. »Aber keine Katze.«

»Aber du reist doch so viel«, war ihr Gegenargument. »Du könntest keinen Hund halten. Er würde nach spätestens zwei Wochen sterben.«

»Ich weiß«, entgegnete ich. »Deshalb habe ich keinen Hund. Aber das überzeugt mich noch nicht davon, mir stattdessen eine Katze anzuschaffen. Die wäre auch nach zwei Wochen tot – weil ich sie bis dahin umgebracht hätte.«

»Du warst einfach nie mit Katzen zusammen. Du würdest sie mögen, wenn du eine näher kennenlernst. Und es wäre gut für dich. Du verbringst so viel Zeit im Strandhaus – dann hättest du Gesellschaft und müsstest nicht mehr so viel mit den alten Damen im Supermarkt reden.«

»Woher weißt *du* denn, dass ich oft mit den alten Damen rede? Wer hat dir das erzählt?« Ich dachte, das wäre ein wohlgehütetes Geheimnis von mir. Jeden Sommer verbrachte ich einen ganzen Monat damit, in einem Strandhaus zu schreiben, das ich in Fair Harbor auf Fire Island mietete. Cindy besuchte mich, während der Jahre, in denen es Cindy war, an den Wochenenden, aber unter der Woche schuftete ich allein vor mich hin und bestand darauf, dass ich die Einsamkeit liebte. Aber nach drei Tagen Schufterei an der Schreibmaschine (das war, bevor ich es wagte, mir einen Laptop anzuschaffen) fing ich an, die Gesellschaft anderer Menschen zu vermissen. Ich fing damit an, öfter zu telefonieren als normalerweise, und fing damit schon gegen halb elf Uhr morgens an. Nach sechs Tagen schalteten meine Freunde ihre Anrufbeantworter an, da die meisten nicht die Zeit hatten, mir dabei zu helfen, meiner Arbeit aus dem Weg zu gehen. Nach zehn Tagen brach ich meistens zusammen und begann, dreimal täglich in den Fair Harbor Market zu gehen. Er lag nur zwei Blocks von meinem Haus entfernt, und es hielten sich normalerweise einige ältere Hausfrauen darin auf, die sich mit dem Fleischer unterhielten oder miteinander. Nach meinem dritten Sommer am Strand war ich Stammgast im Supermarkt. Ich wusste alles, was es zu wissen gab, über hunderte von Leuten, die ich gar nicht kannte. Und das Beste war, dass ich dreimal täglich meiner Schreibmaschine für jeweils eine halbe Stunde entkam.

»Hast du je mit einem kleinen Kätzchen zusammengelebt?«, wollte Cindy wissen und ignorierte meine Forderung, mir den Fire-Island-Verräter zu nennen.

»Ich habe auch noch nie mit einer Schlange zusammengelebt. Und ich will es auch nicht. Ich mag keine Schlangen … War es Frank, der Fleischer? Hat er es dir erzählt?«

Wir führten diese ausgesprochen erwachsene Diskussion noch eine Zeitlang weiter – ungefähr sieben Stunden –, bis Cindy schließlich beschloss, dass es für unsere Beziehung nicht gut wäre, wenn sie sich eine Katze anschafft. Zu meiner großen Erleichterung endete der Streit damit, und unser Leben verlief wieder ruhig.

Bis Cindy nach Los Angeles flog, um ihre Mutter zu besuchen.

Sie freute sich nicht besonders auf diese Reise, denn sie mochte ihre Mutter nicht so wahnsinnig gerne. Einmal im Jahr gewann jedoch ihr schlechtes Gewissen gegen ihren gesunden Menschenverstand. Dann fuhr Cindy gen Westen und machte ihren Besuch. Mrs Wayburn – und ich versuche jetzt, so fair und objektiv wie möglich zu sein – war eine absolut schreckliche Frau, die in einem Randgebiet von L. A., von dem ich noch nie gehört hatte, in einer hübschen kleinen Gemeinde namens La Mobile Home Cité lebte. Wenn diese einen Slogan gehabt hätte, dann hätte er lauten müssen: »Verbringen Sie noch ein paar deprimierende Jahre bei uns, bevor ihre inneren Organe endgültig versagen.« Alles in allem war es ein großartiger Ort, um dort Zeit zu verbringen, wenn man keine frische Luft und keinen Platz brauchte und nie etwas Schönes sehen wollte.

Dieser Besuch war schlimmer als sonst. Am zweiten Tag hatten die beiden einen schlimmen Streit. Cindy wollte nur nett sein und ihre Mutter in ein Restaurant zum Essen einladen. Mom sagte auf ihre übliche optimistische Weise, dass für sie das Essen immer gleich schmeckte – wie ein verrotteter, grauer Tonklumpen – und dass es daher sinnlos war, Geld für so etwas Unerfreuliches wie Essen auszugeben. Cindy hielt das für eine ungesunde Einstellung, erwähnte das ihrer Mom gegenüber, und die Schlacht begann. Eine Stunde danach war

Cindy im Haus meines Bruders, weinte und verspeiste eine köstliche *Tarte Tatin* (mein Bruder ist auch noch ein ausgezeichneter Koch).

Eric war extrem nett zu ihr und munterte sie wirklich auf, und als sie mich schließlich anrief, um mir Gute Nacht zu sagen, war sie wieder ausgesprochen fröhlich. Tatsächlich ging es ihr viel besser, als man hätte erwarten können. Es ging ihr sogar so gut, dass ich misstrauisch hätte werden sollen. Sie sagte mir, dass sie am nächsten Morgen mit meinem Bruder einkaufen gehen und dann nachmittags zurückfliegen würde. Sie hatte beschlossen, dass sie ihre Mutter nicht mehr sehen und ohne Mutter-Verpflichtungen nicht länger in L. A. bleiben wollte. Das Letzte, was sie sagte, bevor sie auflegte, war: »Du glaubst gar nicht, wie süß Erics Katze ist. Warte, bis du sie siehst.«

Ich legte auf und beschloss, dass ich darauf noch ziemlich lange warten konnte.

Um zehn nach elf am nächsten Abend klingelte mein Telefon.

»Ich warte gerade auf mein Gepäck«, verkündete Cindy. »Bist du noch wach?« Sie hatte diesen besonderen Singsang in der Stimme, den man immer hören konnte, wenn sie mir besonders zugetan war.

»Ich bin noch wach«, erklärte ich in fast demselben Tonfall.

»Ich bin in einer halben Stunde bei dir.«

»Ich kann es gar nicht erwarten«, sagte ich ihr. Und das konnte ich tatsächlich nicht.

Cindy hatte einen Schlüssel zu meiner Wohnung und konnte damit die verschiedenen Sicherheitssummer und Telefone und Kameras umgehen, an denen die meisten erst vorbeimussten, die das Gebäude betreten wollten. Deshalb hörte ich eine halbe Stunde später, wie sich meine Wohnungstür öffnete. Als ich aus dem Schlafzimmer kam, stand Cindy in der Tür und grinste glücklich.

Ich wollte zu ihr gehen und sie küssen.

»Nein«, befahl sie. »Bleib stehen.«

Ich blieb stehen.

»Ich muss dir was zeigen.«

»Wirklich?«

Sie nickte.

»Muss ich in den Flur, um es zu sehen?«

»Nein«, sagte sie mit immer noch dem breitesten Grinsen, das ich jemals gesehen hatte, auf dem Gesicht. »Bleib hier. Schließ die Augen. Ich sage dir, wann du sie wieder aufmachen kannst.«

Ich blieb stehen, ich schloss die Augen. Ich hörte ihr »Jetzt« und öffnete sie wieder.

Cindy hielt einen kleinen Fellball in der Hand. In einer Hand. Er war so klein, dass ich für einen Moment glaubte, sie hätte eine extrem wohlerzogene Maus aus Kalifornien mitgebracht.

Aber es war keine Maus.

Es war ein winzig kleines graues Kätzchen mit einem runden Kopf und merkwürdigen Ohren, die nach vorn und unten geknickt waren. Das Kätzchen saß auf ihrer Handfläche und drehte den Kopf in alle Richtungen, sah sich mein Loft-Apartment genau an.

»Du hast dir eine Katze gekauft?«, stammelte ich schwach.

Das Kätzchen hörte auf, die Wohnung zu inspizieren, und starrte mir jetzt direkt in die Augen und miaute. Es richtete sein leises Miauen ganz klar an mich. Und bis zu diesem Tag schwöre ich, dass der kleine Kerl lächelte.

»Nein«, sagte Cindy. »Sie ist nicht für mich.«

»Für wen ist sie dann?«, fragte ich leise.

Als sie nicht antwortete, fragte ich erneut ziemlich leise: »Cindy? Für wen ist dieses Kätzchen?«

Als sie in Tränen ausbrach, hatte ich den vagen Verdacht, dass ich die Antwort auf meine Frage kannte.

Ich hatte schon vor Jahren beschlossen, dass ich mein Haustier, sollte ich jemals eines haben – ich nahm an, einen Hund –, Norton nennen würde. Eine Alternative dazu gab es nicht wirklich.

Mein Lieblings-Tiername – und mein Lieblingstier bis zu diesem Zeitpunkt – war Yossarian, der Hund meines Bruders. Yossarian war meiner Meinung nach nicht nur ein unglaublich süßer Cockapoo, was, für all jene von Ihnen, die strikte Katzenliebhaber sind, eine Mischung aus Cockerspaniel und Pudel ist. Er war außerdem ein Genie.

Er brauchte nie an die Leine, auch nicht in New York City. Er ging mit einem bis zur Ecke, blieb stehen, wartete darauf, dass man die Straße überquerte, und trottete dann neben einem her. Er wartete vor Geschäften auf einen, wenn man einkaufte. Er war auch extrem freundlich und strahlte einfach generell so eine Art Weltschmerz aus, die einen glauben ließ, er könne in Salons sehr interessante Gespräche führen. Auf Französisch.

Ich musste mich einmal für ungefähr sechs Monate um Yossarian kümmern, als Eric in Spanien war. Ich wohnte in einem schäbigen kleinen Apartment im fünften Stock eines Gebäudes ohne Fahrstuhl im West Village, und Yossarian zog bei mir ein. Ich brauchte nicht lange, bis mir klar war, dass Yos nicht wild darauf war, für jeden Spaziergang fünf Etagen runter- und wieder raufzulaufen. Vor allem im Winter war er nicht wild darauf, wenn

Schnee und Eis seinen von L. A. verwöhnten Pfoten zu schaffen machten.

Er war ungefähr eine Woche bei mir, als der kleine Kerl zu meinem Entsetzen zu humpeln begann. Ich bemerkte es, als wir über die Greenwich Street liefen. Er hatte definitiv den rechten Vorderlauf angewinkelt und schonte ihn. Ich ging zu ihm, hob ihn hoch und untersuchte ihn. Ich konnte nichts feststellen, aber er sah mich so kläglich an, dass klar war: Dieser Hund hat große Schmerzen. Ich setzte ihn nur noch einmal runter, damit er sein Geschäft erledigen konnte, dann nahm ich ihn wieder hoch, trug ihn zurück zu meinem Haus und die fünf Treppen rauf in meine Wohnung.

Ich beschloss, nicht gleich in Panik auszubrechen. Zuerst wollte ich ein paar Tage abwarten, und dann, falls er weiter humpelte, würde ich zum Tierarzt gehen.

In der Wohnung schien Yos keine Probleme zu haben, bewegte sich höchstens etwas langsamer als sonst. Doch sobald er draußen war, fing das Humpeln wieder an. Ich musste ihn tragen, ließ ihn runter, damit er sich erleichtern konnte, hob ihn dann wieder hoch und kehrte mit dem Hund auf dem Arm in meine Wohnung zurück.

Am dritten Tag – er humpelte jetzt auch leicht in der Wohnung, und ich trug ihn liebevoll dreimal täglich die Treppe hinunter – machten wir unseren Nachmittagsspaziergang. Ich setzte Yossie in den Schnee, und da ich in Begleitung meiner Freundin war, gingen sie und ich ein Stück vor, um ihm etwas Privatsphäre zu lassen. Nach ungefähr einem halben Block drehte ich mich um, weil ich sehen wollte, wie es meinem Patienten ging. Es ging ihm ziemlich gut. Tatsächlich ging es ihm sogar so gut, dass er vor meinem Gebäude auf dem Bürgersteig herumlief und mit einem anderen Hund spielte. Ich konnte es nicht glauben. Ich meine, dieser Hund *bewegte* sich. Und belastete dabei mit seinem vollen Gewicht seinen rechten Vorderlauf.

»Yossarian!«, rief ich.

Der Hund erstarrte. Bewegte sich nicht einen Zentimeter. Dann sah er auf den Schnee am Boden, sah mich an, sah wieder auf seine Pfote, die auf dem Schnee stand, noch ein Blick zu mir, und dann schoss seine Pfote in die Höhe in dem verzweifelten Versuch, sie wieder in die jammervolle Position zu bringen, in der er sie hielt, wenn er sein Humpeln vortäuschte.

»Vergiss es«, sagte ich. »Von jetzt an läufst du wieder selber.«

Wenn Hunde mit den Schultern zucken können, dann zuckte Yossarian mit den Schultern, stellte seine Pfote wieder auf den Boden und spielte weiter mit seinem Kumpel. Damit nahm das Humpel-Drama ein Ende.

Ich war übrigens nicht der Einzige, der das Gefühl hatte, dass Yossarian menschlicher war als der durchschnittliche Vierbeiner. Vor ein paar Jahren, als er dreizehn war und anfing zu kränkeln, veranstaltete mein Bruder ein Fest für ihn. Ungefähr zwanzig Leute kamen mit Geschenken für den Hund. Eric sorgte für Getränke und Essen, und alle erzählten ihre Lieblingsgeschichte über Yossarian. Ich rief von New York aus an, um sicherzustellen, dass jemand meine »Humpel«-Geschichte erwähnte, die mittlerweile schon Teil der Yossarian-Legende war.

Yos starb ungefähr ein Jahr danach, und ich schwöre, dass alle, die an jenem Tag dabei waren, sehr froh darüber waren, ihm gesagt zu haben, wie viel er ihnen über die Jahre bedeutet hatte.

Seit Eric den *Catch-22*-Namen für seinen schlauen kleinen Hund verwendet hatte, versuchte ich, mir einen vergleichbaren Namen für mein zukünftiges Haustier auszudenken. Dunbar kam mir in den Sinn, aber der stammte aus dem gleichen Buch, also verwarf ich die Idee wieder. McMurphy war eine Möglichkeit, aber dann kam die Filmversion von *Einer flog über das Kuckucksnest* raus, und ich hasste sie, also war das das Ende von McMurphy. Ich ging weiter zurück in den Annalen der Literatur und verwarf schnell alles von Falstaff über Tristram bis Verloc, dann auch noch Malloy, Zorba und schließlich sogar Snoopy.

Ich dachte über Steed (oder Emma, falls es ein Weibchen war) aus *Mit Schirm, Charme und Melone* nach, aber irgendwie blieb das bei mir nicht hängen. Travis war für ungefähr sechs Monate mein Favorit – das war der Name der Figur, die Malcolm McDowell in *If …* und *O Lucky Man!* spielte – aber dann kaufte sich ein Freund von mir einen Hund und nannte ihn Travis nach Travis McGee.

Ich wandte mich in anti-intellektueller Verzweiflung dem Feld des Sports zu.

Ich konnte ein Haustier unmöglich Willie nennen. Was, wenn so ein dämlicher Idiot glaubte, ich hätte ihn nach Willie Davis oder Willie Wilson oder einer anderen zweitklassigen Kopie des gottähnlichen Mays benannt? Das konnte ich nicht riskieren. Keiner der Namen meiner anderen Idole eignete sich jedoch dazu, immer und immer wieder genannt zu werden in dem Versuch, einen Vierbeiner unter dem Bett hervorzulocken. Muhammed? Julius? Roger ›the Dodger‹ Staubach? Nein. Jim Brown? Auf keinen Fall. Wahrscheinlich würde das Tier dann anfangen, mich ständig vom Balkon zu schmeißen. Ich hatte mich gerade mit Clyde angefreundet und glaubte, damit ein sehr cooles Haustier zu bekommen, das unter Druck niemals nervös wurde und ein fantastischer Abwehrspieler sein würde, als mir, ungefähr zwei Jahre bevor Cindy mit einer Katze in der Hand in meine Wohnung spazierte, der perfekte Name einfiel.

Ich bin ein Fernseh-Junkie. Ich habe immer Fernsehen geguckt, ich habe es immer geliebt, und in meiner Jugend habe ich sogar dafür geschrieben. Am liebsten mochte ich immer Sitcoms. Aus der Sicht des sachkundigen Zuschauers verdient nur ungefähr eine Handvoll Sitcoms das Prädikat »großartig«. Ich rede hier nicht von dem geschmacklosen »Gilligan's Insel«-artigen Schund. Ich rede von großartigen Dialogen, großartigen Schauspielern, großartigen Figuren. »Immer Ärger mit Sergeant Bilko« rangiert weit oben, und das gilt auch für »Mary Tyler Moore Show«, die »Dick Van Dyke Show« und später für »Barney Miller« und »Taxi«. Aber es gibt eine, die eine Klasse für sich ist. Die anderen sind nicht mal dicht dran. Die besten Figuren, die besten Gags, der beste Szenenaufbau, der beste Stichwortgeber (oder eigentlich Stichwortgeberin) und die beiden besten Leistungen in der TV-Sitcom-Geschichte. Natürlich spreche ich von »The Honeymooners«, und plötzlich hatte ich die Vision, wie ich eines Tages – und dann viele Jahre lang jeden Tag – nach einem langen Arbeitstag nach Hause kommen und rufen würde: »Norton, mein Freund, ich bin zu Hause!«, und wie mir dann ein kleines Fellbündel entgegenspringen und mir freudig das Gesicht ablecken würde.

Als diese kleine Katze auf Cindys Hand zu mir aufsah und miaute, wusste ich, dass Norton endlich bei mir eingetroffen war.

Mir wurde auch noch etwas anderes klar. Und zwar genauso plötzlich, wie mir der Name eingefallen war.

Es war Liebe auf den ersten Blick.

Es ergibt keinen Sinn. Es gibt keine Erklärung. Es ist mir noch nie zuvor mit einem Mann, einer Frau oder einem Tier passiert, und ich weiß nicht, ob es jemals wieder passieren wird.

Ich wurde wütend auf Cindy. Ich wollte sie anschreien. In mir brodelten Sätze wie: »Wie konntest du das tun?« Ich wollte auf und ab laufen und wie ein Wahnsinniger mit den Armen fuchteln. Aber ich konnte nichts davon tun. Ich bekam keine Gelegenheit dazu. Cindy war zu sehr damit beschäftigt, in die Rolle von Lucy zu schlüpfen, als Ricky nach Hause kommt, nachdem er herausgefunden hat, dass sie sich als Maler verkleidet hatte, um im Club vorzusprechen. »Ich dachte, du würdest ihn mögen ... *Schnief* ... Eric meinte, er würde dir gefallen ... *Schnief* ... Es tut mir leid ... Ich dachte ... *Schnief* ... Uaaaahhhhhwaaaa ...« Ich wusste, dass ich bei ihr nicht weiterkommen würde, also wandte ich mich an Sie-wissen-schon-wen. Mit immer noch offen stehendem Mund blickte ich in die Augen der kleinen Katze und schmolz dahin. Ich war sofort total hin und weg.

Cindy, die jetzt in den Laura-Petrie-Modus schaltete und versuchte, nicht zu weinen, mich jedoch wissen zu lassen, dass sie jeden Moment wieder anfangen konnte, streckte die Hand aus, und ich nahm das Kätzchen entgegen. Weil ich absolut keine Erfahrung mit dem Halten von Babys jeglicher Spezies – Menschen oder Vierbeiner – hatte, war ich etwas unsicher. Ich hielt den kleinen Kater in der rechten Hand, die ich mit der linken abstützte, und holte ihn ganz nah zu mir heran, hob ihn zu meinem Gesicht hoch, bis wir Nase an Nase waren. Ich glaube nicht, dass er mehr als fünfzehn Zentimeter lang oder schwerer als zwei Pfund gewesen sein kann. Er hatte ein hellgraues, weiches Fell mit unregelmäßigen dunkelgrauen Zeichnungen überall am Körper. Oben auf den Pfoten und um seine kleine schwarzorange Nase herum war er ein bisschen weiß. Drei deutlich erkennbare schwarze Linien begannen direkt zwischen seinen Augen und verliefen über seinen gesamten Rücken bis zu seinem Schwanz, wo sie breiter wurden, sodass der hintere Teil seines Körpers dunkler war als der vordere. Sein Schwanz war selbst da schon sehr buschig und zeigte schwarze Kringel. Er hätte gut auch einem Waschbären gehören können. Seine Augen waren riesig, viel zu groß für seinen Kopf, oval und grün. Ich hatte noch niemals in meinem Leben etwas so Niedliches, so Unabhängiges, so Intelligentes oder irgendetwas gesehen, das jemals so sehr wie etwas ausgesehen hätte, das zu mir gehörte. Er zuckte nicht zusammen, und er wandte auch den Blick nicht ab. Er miaute nur noch einmal und leckte mir mit seiner sandpapierartigen Zunge von der Größe eines kleinen Pinsels mehr oder weniger über das rechte Augenlid.

»Er ist sechs Wochen alt«, sagte Cindy mit fast flüsternder Stimme und jetzt wieder trockenen Augen. »Und er hat etwas Besonderes an sich. Ich glaube nicht, dass das eine gewöhnliche Katze ist.«

Ich nahm den Kleinen in die linke Hand und fuhr mit der rechten ganz sanft über sein Fell, streichelte ihn vom Kopf bis zum Schwanz und damit zum ersten Mal in meinem Leben eine Katze.

»Natürlich ist er keine gewöhnliche Katze«, entgegnete ich. »Wie könnte er? Er gehört *mir*.«

Wie sich herausstellte, hatte Cindy mit »Einkaufen« gemeint, dass sie mit meinem Bruder zu einer Katzenzüchterin fahren wollte, wo die beiden dann diesen kleinen Kater gekauft hatten. Norton. Als sie zum ersten Mal eine Scottish Fold gesehen hatte, war sie ausgeflippt. Sie hatte Eric erzählt, wie sehr sie sich eine Katze wünschte und wie sehr ich mir ein Haustier wünschte, aber dass ich nicht über eine Katze nachdenken wollte, und er, der mich viel länger kannte als sie, hatte ihr erklärt, dass sie am nächsten Morgen eine kaufen gehen würden.

Sie fuhren ins Valley zu der Züchterin, von der Eric Lester bekommen hatte. Die Rasse war damals noch ziemlich unbekannt, aber bereits recht teuer. Eric hatte dreihundert Dollar für seine bezahlt. (Heute kostet, ob Sie es glauben oder nicht, eine reinrassige Scottish Fold bis zu fünfzehnhundert Kröten). Er vertrat die These, dass man, wenn man sich schon etwas kaufte, möglichst viel Geld dafür ausgeben und niemals die Vernunft entscheiden lassen sollte.

Wie es der Zufall wollte, hatte die Züchterin gerade erst einen neuen Wurf Scottish Folds bekommen. Sie hatte zu viele Folds. Weil sie so teuer waren, glaubte sie nicht, dass sie alle verkaufen konnte, bevor sie zu groß wurden. Sie kannte Eric, sie mochte Cindy, deshalb gab sie ihnen eine für fünfundsiebzig Dollar und nahm ihnen nur das Versprechen ab, dem Kätzchen ein möglichst gutes Zuhause zu suchen.

»Hier, ich gebe Ihnen meinen Liebling«, sagte sie ihnen.

Sie holte eine sechs Wochen alte Katze aus einem Karton und gab sie den beiden. Zusammen mit den Abstammungspapieren erhielten sie auch noch einen Artikel, der eine Woche zuvor im *San Fernando Valley Register* erschienen war. In der Reportage ging es um exotische Katzenrassen, und als Beispiel für die exotische Scottish Fold war da ein Foto von der Katze, die Cindy in der Hand hielt. Für den Artikel hatte man das Kätzchen »Baby« getauft, und unter dem Foto stand: »Anders als andere Katzenrassen, deren Namen irreführend sind – die Himalayans haben zum Beispiel nichts mit der Bergformation zu tun –, stammen die Scottish Folds wie dieses Kätzchen ›Baby‹ tatsächlich aus Schottland.«

»Er ist ein Star«, meinte die Züchterin.

»Das hoffe ich doch«, erklärte ihr Cindy.

Auf dem Rückflug benahm sich Norton jedenfalls wie einer. Cindy machte sich ein bisschen Sorgen, was wohl passieren würde, wenn sie ein so junges Tier mit ins Flugzeug nahm. Sie war nicht sicher, wie der Kleine reagieren und was er tun würde, wenn er sein Geschäft erledigen musste oder ob ein so langer Flug ihn für den Rest seiner neun Leben neurotisch machen würde. Sie fand schnell heraus, dass Norton nicht der neurotische Typ war. Sie hatte ihn in einer kleinen Kiste, aber schon Minuten nach dem Abflug holte sie ihn raus und setzte ihn auf das Tablett vor ihr, um nachzusehen, ob es ihm gut ging. Er gähnte, legte sich hin und schlief sofort ein. Sie beschloss, ihn einfach dort liegen zu lassen, bis entweder die Katze oder die Stewardessen ausflippten. Nichts davon passierte. Der Kleine saß oder schlief während der gesamten Reise zufrieden auf dem Tablett. Das gefürchtete Geschäft-Problem tauchte nie auf. (Wie Norton seitdem auf zahlreichen Flügen bewiesen hat, besitzt er entweder eine ungewöhnlich große Blase oder ein ebenso ungewöhnlich großes Gefühl für Anstand. Auf dieser ersten Reise und auf hunderten, die noch kommen sollten, wartete er schlicht, bis sich eine entsprechende Gelegenheit dafür bot.) Manchmal streckte er sich, sah sich um und legte sich dann wieder hin. Er miaute nur zwei Mal. Beide Male beruhigte und streichelte Cindy ihn – und er machte sehr deutlich, dass er genau zu diesem Zweck Laut gegeben hatte. Die Stewardessen waren ganz entzückt von ihm, brachten ihm Milch und nahmen ihn sogar mit, um ihn anderen Passagieren zu zeigen. Während all dem verhielt sich der kleine Kater so, als sei er schon so viele Meilen geflogen wie die Luftfahrtlegende Chuck Yeager.

Im Taxi vom Flughafen zu meiner Wohnung kletterte er über die Rückbank zum Türgriff, auf den er sich stellte und sich streckte, um aus dem Fenster zu blicken, während das Auto durch Manhattan fuhr.

»Das war komisch«, meinte Cindy, während ich ihn in meiner Hand hielt. »Er hatte nicht nur überhaupt keine Angst, er hat sich benommen, als wüsste er, wo er hinfährt – *und als würde er sich schon darauf freuen, dort anzukommen.*«

Der Kater zappelte jetzt ein bisschen in meiner Hand, also setzte ich ihn vorsichtig auf den Boden.

»Er hat bestimmt Angst«, erklärte mir Cindy. »Kätzchen haben immer Angst, wenn sie in eine neue Umgebung kommen. Diese Wohnung wirkt auf ihn riesig, und das macht Katzen Angst.«

Hm-hm.

Mein verängstigter kleiner Kater wanderte hinüber zu einer Couch in meinem Wohnzimmer. Dann ging er zu der Couch gegenüber. Dann ging er wieder zurück, ließ sich auf halbem Weg zwischen beiden auf den Teppich fallen und schlief ein.

Ich beobachtete, wie seine kleine Brust sich im Schlaf hob und senkte. Noch nie hatte ich jemanden so schnell einschlafen sehen. Ich wusste, dass ein idiotisches Grinsen auf meinem Gesicht lag, aber ich konnte es nicht ändern.

»Norton«, rief ich leise nach ihm. »Norton …«

Die Augen des kleinen Katers öffneten sich langsam. Zuerst waren es nur Schlitze, dann öffnete er sie halb, dann hob er den Kopf und sah mich an.

Ich lächelte Cindy an.

»Siehst du«, sagte ich. »Er kennt seinen Namen schon.«

3. Kapitel

Die Katze, die nach
Fire Island fuhr

Die meisten Leute glauben, dass man sich um Katzen sehr viel weniger kümmern muss als um Hunde.

Diese Leute irren sich.

Sie irren sich vor allem, wenn ein bestimmter Besitzer beschließt, dass eine bestimmte Katze sehr sensibel und intelligent ist und genau wahrnimmt, was um sie herum geschieht, und dass man sie besser behandeln muss als die Mitmenschen des Besitzers.

Tatsächlich ist das sogar auf eine verschrobene Art logisch. Schließlich haben Menschen *die Wahl*. Sie müssen sich mit niemandem anfreunden, den sie nicht mögen oder der sie schlecht behandelt. Sie müssen nicht allein sein, wenn sie es nicht wollen. (Diese Aussage ist, wie ich hier noch einmal betonen möchte, eher allgemein gefasst: Für Leute, die im Sommer kein Deo benutzen, Sandra Bernhard lustig finden oder auf Robert De Niros Figur in *Taxi Driver* stehen, gilt das nicht unbedingt.) Sie kriegen nicht nur dann etwas zu essen, wenn jemand daran denkt, sie zu füttern. Und vor allem müssen die meisten Menschen sich keine Sorgen machen, dass derjenige, mit dem sie zusammenleben, von einem Raubtier gefressen wurde, wenn er sich mal verspätet.

Cindy fand diesen letzten Vergleich von mir ein bisschen übertrieben, aber *sie* war diejenige, die mir ein Buch mit dem Titel *Die Natur der Katze* schenkte.

Sie schenkte es mir, weil recht schnell sehr deutlich wurde, dass Norton nicht nur meine ablehnende Haltung *ihm* gegenüber geändert hatte, sondern auch meine lebenslange Ablehnung seiner gesamten Spezies.

Erstens ist es sehr schwer, einem Wesen zu widerstehen, das so verletzlich ist. Und es gibt nur wenig, das verletzlicher ist als ein sechs Wochen altes Kätzchen. Zweitens verhielt er sich nicht verletzlich, was noch viel unwiderstehlicher war. Er kroch überall herum, er befühlte alles mit seinen Tatzen, stupste alles an; er nahm meine gesamte Wohnung in Besitz, ja, das tat er. Und drittens nahm er *mich* in Besitz.

Seine erste Anschleichattacke in dieser Hinsicht erfolgte mitten in der Nacht.

Cindy und ich hatten eine ganz bestimmte Schlafordnung. Ich schlief immer auf der linken Seite meines Bettes, sie auf der rechten. Ich schlief auf der Seite; sie kuschelte sich an meinen Rücken und legte die Arme um mich.

Wir waren nicht sicher, ob Norton auf dem Bett schlafen würde. Wir wussten nicht, ob er die ganze Nacht herumkrabbeln und uns wach halten würde, eine Aussicht, die mich nicht sonderlich begeisterte. Und wir wussten auch nicht, ob er überhaupt bei uns schlafen wollte. Vielleicht waren wir zu riesig und beängstigend. Also beschlossen wir, es einfach ihm zu überlassen.

In seiner ersten Nacht hörten wir ihn irgendwo auf dem Wohnzimmerboden herumrutschen, als wir einschliefen. Es schien, als habe er seine Wahl getroffen – er würde sich einen eigenen Platz zum Schlafen suchen. Von mir aus. Kein Problem. Jeder wusste doch, dass Katzen nicht so anhänglich waren wie Hunde. Er konnte schlafen, wo es ihm, verdammt noch mal, passte.

Ich wachte morgens auf, wie immer ein paar Minuten früher als Cindy. Mit halboffenen Augen lauschte ich auf die Spielgeräusche einer kleinen Katze. Nichts. Ein bisschen besorgt lauschte ich noch angestrengter. Es erschien mir nur natürlich, dass eine junge Katze wach sein musste und irgendwelchen Blödsinn anstellte. Immer noch nichts.

Dann spürte ich eine leichte Regung auf meinem Kopfkissen, und ich rollte meine Augen nach unten, um nachzusehen.

Und sah einen kleinen, grauen Fellball, der sich unter meiner Wange an meinem Hals eingekuschelt hatte. Er war wach, hatte die Augen weit offen, aber er bewegte sich nicht. Nicht einen Zentimeter. Er sah mich an und wartete darauf, dass ich den ersten Schritt machte.

Ohne den Kopf zu heben, drehte ich vorsichtig den linken Arm und positionierte ihn so, dass ich Norton streicheln konnte. Mit zwei Fingern strich ich über seinen Kopf, rieb die Stelle zwischen seinen Augen bis hinunter zu seiner Nase. Er bewegte sich ein ganz kleines bisschen und hob den Kopf, sodass ich ihn unter dem Kinn kraulen konnte. Wir blieben einige Minuten so liegen, die Katze gemütlich ausgestreckt, der Besitzer mit Streicheln beschäftigt.

Ich fühlte mich ziemlich gut.

Norton hatte entschieden, bei mir zu schlafen. Nicht nur auf dem Bett. Bei mir. Nicht bei Cindy. Bei *mir*.

Es war *peinlich*, wie gut sich das anfühlte.

Ich drehte den Kopf, um Cindy anzusehen. Sie war jetzt ebenfalls wach und beobachtete uns lächelnd.

Und so begann eine völlig neue Schlafordnung. Wenn

Cindy bei mir übernachtete, dann blieb Norton im Wohn-zimmer, bis wir eingeschlafen waren. Aber jeden Morgen, wenn ich aufwachte, lag er an meinem Hals, teilweise unter meiner Wange, war wach und wartete darauf, dass ich ihn unter dem Kinn kraulte.

Wenn wir allein waren – ich und die Katze, nicht ich und Cindy –, dann nahm Norton Cindys Platz ein, bevor die Lichter ausgingen. Er lag auf ihrer Seite des Bettes, den Kopf auf ihrem Kissen, den Körper ausgestreckt wie ein Mensch, normalerweise unter der Decke. Ich drehte ihm den Rücken zu, und er schmiegte sich an mich, genau wie Cindy es tat. Am Morgen lag er immer noch auf ihrem Kissen, war wach und sah mich an, wartete darauf, dass ich aufwachte. Wenn ich die Augen aufschlug, dann kam er ein bisschen näher, leckte über meine Augen oder meine Stirn und begab sich anschließend auf seinen Unter-der Wange-am-Hals-Platz, um sich fünf Minuten streicheln und kraulen zu lassen.

Er weckte mich nie auf. Verlangte nie miauend nach seinem Frühstück. Ob à deux oder ménage à trois, er blieb still im Bett liegen, bis ich wach war, wartete jeden Morgen auf seine Streicheleinheiten und begleitete mich dann in die Küche, wo wir frühstückten – einen schwarzen Kaffee, eine Dose Hühnchen mit Leber in Sahnesauce Deluxe.

Norton fand noch einen raffinierten Weg, sich in mein Leben zu stehlen. Und das ging allein auf meine Kappe.

Ich zeigte ihn gerne anderen. (Ich wusste, dass das ein schlechtes Zeichen war, aber so war es nun mal; ich konnte nichts daran ändern.) Also nahm ich ihn mit. Nicht weit. Nur in die Wohnungen von Freunden. Er war dort, unnötig zu erwähnen, der absolute Hit, erkundete diese Wohnungen genauso furchtlos wie meine, streifte herum und hüpfte von Raum zu Raum. Einige dieser Freunde hatten selbst Katzen und machten sich ein bisschen Sorgen über mögliche Konfrontationen. Ich konnte mir nicht vorstellen, dass irgendjemand – nicht einmal eine eifersüchtige Katze – etwas gegen Norton haben konnte, und wie sich herausstellte, behielt ich Recht. Meistens fauchte die Katze, in deren Territorium wir eindrangen, zuerst und umkreiste Norton, den ich mitten ins Wohnzimmer gesetzt hatte. Norton betrachtete dann den wilden Burgherrn und schien zu sagen: »Ach, nun hör schon auf mit dem Theater«; dann rollte er sich über den Boden und sah so süß aus, wie ein Tier aussehen kann. Der ausgewachsenen Katze blieb dann im Grunde nur noch übrig, zu ihm zu gehen und freundlich zu sein. Sonst hätte sie vor ihrem Besitzer wie eine verrückte Kriegstreiberin dagestanden.

Es erschien mir auf diesen Vorstellungsrunden zu aufwendig, Nortons Transportbox durch die Stadt zu schleppen, vor allem, weil er noch so klein war, also zog ich einfach eine Windjacke oder einen Regenmantel an und steckte Norton in die Tasche. So ein paar Blocks mit ihm zu laufen war kein Problem. Er saß ruhig in der Tasche, steckte manchmal den Kopf über den Rand und sah sich um, dann zog er sich wieder ins Innere zurück. Er gewöhnte sich sogar sehr schnell an diese Form des Transportes. Selbst lange U-Bahn-Fahrten in die Upper West Side machten ihm nichts aus. Der Lärm schien ihm keine Angst zu machen. Das plötzliche Anfahren und Anhalten hielt er offenbar für ein lustiges Spiel. Die einzigen Nachteile waren (1) die Penner, die glaubten, sie hätten Halluzinationen, und ihn anfassen wollten, um sicherzugehen, dass er nicht der letzte Schritt vor dem rosa Elefanten war, und (2) die geschwätzigen Fremden, die eine

Katze in der Jackentasche für eine ganz klare Aufforderung hielten, mir ihre traurigen Lebensgeschichten, oder, was am schlimmsten war, nette Anekdoten über ihre eigenen Haustiere zu erzählen.

Ich fing auch an, ihn an Samstagen mitzunehmen, wenn ich Besorgungen machte. Er protestierte nie dagegen; tatsächlich glaube ich, dass es ihm gefiel. In den meisten Läden freute man sich, wenn sein kleiner Kopf aus der Tasche guckte und er sich neugierig umsah. In meiner Stammbäckerei bekam er ziemlich viele Kekskrümel und Gebäckstückchen zugesteckt und entwickelte eine echte Vorliebe für gefüllte Donuts; im Lebensmittelladen verwöhnte man ihn mit Käsestückchen und manchmal etwas Hühnchen. Er blieb sogar ruhig – in einer besonders großen Tasche – sitzen, wenn ich an Sonntagnachmittagen zu einem ausgiebigen Brunch in irgendein Restaurant im Village ging. Ein paar Kellner und Kellnerinnen fragten sich wohl, warum ich immer ein Glas Milch – in einem niedrigen, runden Glas, wenn irgend möglich; wenn nicht, in einem großen Glas und zusätzlich eine Untertasse – zu meinem Mimosa oder meiner Bloody Mary bestellte, aber niemand sagte je etwas dazu. Bis heute bin ich sicher, dass mehrere Oberkellner und Bedienungen nach wie vor über den bärtigen Typen reden, der immer kleine Milchpfützen unter dem Stuhl hinterließ. Sie müssen mir das jetzt einfach glauben, aber ich bin eigentlich wirklich ordentlich. Norton verteilt die Milch beim Aufschlecken dagegen in alle Richtungen. Wenn er durstig ist, erinnert mich seine Zunge an eine dieser Maschinen, die in Lichtgeschwindigkeit Farbe auf kleine Leinwände spritzt, damit Kindergartenkinder auf die Schnelle Kunstwerke erschaffen können.

Ich gewöhnte mich daran, meine Hand bei meinen

Fahrten durch die Stadt in der Tasche zu lassen und die weiche kleine Katze zu streicheln. Norton gewöhnte sich an diese ein- bis zweistündigen Abenteuer. Wenn ich das Haus ohne ihn verließ – wozu ich viel öfter gezwungen war, als mir lieb war –, dann sah er richtig traurig aus. Das führte dazu, dass es länger und länger dauerte, bis ich loskam. (Haben Sie schon mal einer Katze fünf Minuten lang erklärt, was Sie an diesem Tag noch alles erledigen müssen und dass sie Sie wirklich nicht in die wichtigen Sitzungen begleiten kann? Haben Sie das je versucht, wenn jemand anderes dabei war? Ein guter Rat: Tun Sie's nicht.) Norton mochte es ganz offensichtlich nicht, allein zu bleiben. Er wollte lieber in einer Tasche herumgetragen werden, als den Tag auf der Fensterbank zu verdösen.

Mein einziges Problem, abgesehen von meinen fünf- bis zehnminütigen Monologen an der Tür, war, dass es langsam Sommer wurde. Selbst Norton zuliebe konnte ich im New Yorker Sommer keinen Mantel tragen.

Und da inzwischen offensichtlich war, dass Norton und ich an der Hüfte zusammengewachsen waren (oder in unserem Fall an der Tasche), tat Cindy zwei Dinge. Zuerst kaufte sie sich eine eigene Katze, eine normale mit ganzen Ohren, für die sie beim Tierschutz fünf Dollar zahlte. Es war ein Kater, und sie nannte ihn Marlowe. Ich konnte nicht wirklich etwas dagegen sagen. Ich meine, schließlich hatte ich jetzt eine Katze, die auf meinem Kopf schlief und für die ich mir in der ersten Woche unserer Beziehung zwei Tage frei genommen hatte, um sie besser kennenzulernen. Ich hatte keine Katzen-Verhinderungs-Argumente mehr. Außerdem mochte ich Marlowe ziemlich gerne. Er war genauso lieb wie Norton. (Tatsächlich war er in mancherlei Hinsicht lieber; es war von Anfang an klar, dass in Norton ein kleiner Rebell schlummerte. Er testete gerne seine Grenzen aus. Durch kleine Dinge wie das Kratzen an der Couch. Um ganz ehrlich zu sein, war ich der Meinung, dass er, wenn er so gerne an der Couch kratzte, das ruhig tun sollte. Es war doch gar nicht so schlimm, hin und wieder eine neue Couch zu kaufen. Aber eine entsetzte Cindy bestand darauf, dass man ein Kätzchen erziehen musste, also sagte ich »Nein!«, wenn Norton kratzte, genau wie Cindy es mir erklärt hatte. Er war definitiv intelligent genug, um direkt auf meine Warnung zu reagieren. Er hörte sofort auf zu kratzen und bewegte sich einen halben Meter vom Sofa weg. Dann robbte er Zentimeter für Zentimeter wieder zurück, ohne mich dabei aus den Augen zu lassen, streckte die Tatze aus und verpasste dem Ding noch ein oder zwei heftige Kratzer. Ich klatschte dann in die Hände und sagte wieder »Nein!«, und er hüpfte wieder einen halben Meter weg. Dann wandte ich mich um, und zwei Minuten später hörte ich wieder das vertraute Kratzen von Krallen auf Stoff. Ich muss zugeben, dass ich stolz auf diesen James-Dean-artigen, herausfordernden Charakterzug von ihm war und ihn heimlich unterstützte, wohingegen Cindy die Tatsache liebte, dass *ihrer* Katze so etwas nicht mal *im Traum* einfallen würde.) Marlowe war auf seine Art auch ziemlich hübsch, hatte ein wunderschönes dunkles Fell mit schwarzen und braunen Streifen, obwohl selbst Cindy zugeben musste, dass er mit meinem kleinen Kerl nicht mithalten konnte. Außerdem konnte er viel höher springen als Norton. Marlowe brachte etwas fertig, das mich immer wieder überraschte. Er konnte vom Boden aus oben auf eine offene Tür springen und balancierte dann dort. Norton beobachtete diese körperliche Geschicklichkeit ein wenig neidisch, glaube ich, doch er kannte seine eigenen Grenzen und schien beschlossen zu haben, dass Intellekt wichtiger war als Muskelkraft. Denn letztlich war Marlowe, auch wenn er ein netter Kerl war, ganz *normal*. Er war eine Katze. Norton war mehr als das.

Die zweite Sache, die Cindy tat, war, mir das bereits erwähnte Buch zu kaufen, *Die Natur der Katze*, damit ich etwas über mein Tier lernte. Es war ein wunderbares kleines Buch, und ich lernte bald, dass Katzen sich selbst sauber hielten und sich an Katzenklos gewöhnten und all die Dinge, die Katzenbesitzer rund um den Globus bereits wissen und auf die wir hier nicht näher eingehen müssen. Für mich war das alles faszinierend, so als würde ich eine ganz neue Kultur entdecken. Ich hatte noch nie etwas schnurren hören, und für mich war es das wahrscheinlich schönste, beruhigendste Geräusch, das mir jemals zu Ohren gekommen war. Ich mochte nichts lieber, als wenn Norton sich auf dem Bett oder dem Sofa ausstreckte und ich mich auf ihn legte, mit dem Kopf auf seine Körpermitte. Er schnurrte und schnurrte und schnurrte vor Freude. Mir wurde irgendwann bewusst, dass ich mir immer öfter Wiederholungen von »Detektiv Rockford« ansah, um eine Stunde lang diesen Motorbootgeräuschen zu lauschen.

Ich hatte auch noch nie gesehen, wie jemandem die Haare auf dem Rücken zu Berge standen oder einziehbare Krallen. Vor allem faszinierten mich die Krallen, weil Norton, so gerne er auch kratzte, niemals die Krallen ausfuhr, wenn wir miteinander rauften. Er machte sehr deutlich, dass so etwas undenkbar war, und ich war gerührt von seiner instinktiven Sanftheit. Generell war ich extrem interessiert an all den Gründen und Ursachen und der Geschichte seines Verhaltens und seiner körperlichen Reaktionen.

Im letzten Kapitel von *Die Natur der Katze* wurde die Psychologie der Katzen diskutiert. Und irgendwo in dem Kapitel stand auch, dass man einmal auf Folgendes achten sollte: Wenn man jeden Tag um sechs Uhr von der Arbeit kommt, liegt die Katze zufrieden auf einem bequemen Platz und schläft. Sie ist dann entspannt und ruhig, wenn sie den Kopf hebt, um einen zuhause willkommen zu heißen. ABER: Wenn man normalerweise um sechs Uhr zurückkommt und dann eines Tages erst um elf Uhr abends, dann läuft die Katze, wenn man zur Tür hereinkommt, unruhig hin und her und fragt sich nervös, ob man sie verlassen hat. Das liegt daran, dass ihre fünfzig Millionen Jahre Dschungelinstinkt die Oberhand gewonnen haben und die Katze sicher ist, dass man von einem Raubtier gefressen wurde. Sie hat keine Ahnung, dass man nur mit Kollegen was trinken war und dann noch mit einem Freund eine Runde Baseball geguckt hat. Sie nimmt stattdessen an, dass man in Gedanken war, während man Wasser in einer Lagune getrunken hat, und dass dann ein zwei Tonnen schweres Tier gekommen ist und einen in der Mitte durchgebissen hat.

Ich fing an, mir deswegen Sorgen zu machen. Ich war nicht direkt besessen davon und dachte Tag und Nacht an nichts anderes. Aber wenn Cindy und ich essen gingen und es später als neun Uhr wurde, fing ich an, unruhig zu werden.

»Was ist los?«, fragte sie dann.

»Nichts«, erwiderte ich. Dann sah ich nervös auf die Uhr.

»Was ist *los?*«, wollte sie wissen. »Du bist ganz zappelig. Das tust du nur, wenn etwas nicht stimmt.«

»Es ist nichts. Wirklich. Ich bin nur ein bisschen müde.«
»Möchtest du gehen?«

»Nein, nein«, erklärte ich dann. »Auf keinen Fall. Mir geht's gut. Lass uns noch bleiben.«

Nach fünf weiteren Minuten stieß ich sie unter dem Tisch an. »Vielleicht sollten wir *jetzt* gehen«, flüsterte ich. Und das taten wir dann zu Cindys Verwirrung und Verärgerung.

Wenn wir in meine Wohnung kamen, stand Norton an der Tür und sah uns an. Er musste, da war ich mir sicher, extrem gestresst sein. Ich hob ihn dann auf, streichelte ihn für eine Weile und versicherte ihm, dass sein Dad einen weiteren Tag im gefährlichen Dschungel überlebt hatte, sagte ihm, was für ein großartiges Festessen noch auf ihn wartete, und seufzte dann erleichtert und erschöpft darüber, dass ich eine Krise abgewendet hatte.

Nachdem das zwei Wochen so gegangen war, fand Cindy heraus, was los war. Sie nahm *Die Natur der Katze* aus dem Regal und warf es weg. Sie verbot mir außerdem, noch mehr über Katzen zu lesen. Sie beschloss, dass es zu gefährlich war.

Die Idee hatte sich zwar bereits in meinem Kopf geformt, aber erst diese ganze Raubtier-Geschichte brachte das Fass zum Überlaufen. Ich fing an zu glauben, dass ich Norton so oft es ging mitnehmen sollte. Ich selbst wäre dann sehr viel entspannter, und es stand für mich fest, dass Norton lieber seinen Dad begleiten als den ganzen Tag in der Wohnung herumsitzen wollte. Die kurzen Taschen-Ausflüge klappten gut. Warum also nicht etwas weitere Reisen?

Cindy war nicht so begeistert davon, wie ich gehofft hatte. Sie erklärte mich für verrückt.

»Du kannst deine Katze nicht überallhin mitnehmen«, informierte sie mich.

Ich mochte das nicht einsehen. »Er mag mich. Er ist ziemlich ruhig. Ich nehme ihn doch auch mit, wenn ich zu dir komme. Was soll die ganze Aufregung?«

»Ich rege mich auf, weil wir hier über eine *Katze* sprechen. Katzen mögen so etwas ganz und gar nicht.«

»*Norton* schon.«

»Norton ist noch klein. Er passt sich an alles an. Wenn er größer wird, dann wird er es hassen.«

»Das glaube ich nicht«, meinte ich. »Ich glaube, es wird ihm gefallen.«

»So funktioniert das aber nicht«, sagte sie und schüttelte den Kopf.

»Ich versuche es trotzdem«, erklärte ich ihr. »Ich mag ihn. Ich bin gerne mit ihm zusammen. Und ich glaube, dass er auch gerne mit mir zusammen ist.«

Tatsächlich schwebte mir schon ein Ort vor, an dem es Norton ganz sicher gefallen würde.

Fire Island ist ungefähr eine Auto- oder Bahnstunde von Manhattan entfernt. Wie schon erwähnt, mietete ich dort jeden Sommer ein Haus, in der Stadt Fair Harbor. Es war ein wunderschönes kleines, meerblau angestrichenes Strandhaus; ein Zimmer, gemütlich eingerichtet, mit einer Einbauküche und einem Schlafboden. Es hatte eine hübsche Veranda, die ich, obwohl der Strand nur ungefähr fünfzehn Meter entfernt war, kaum je verlassen wollte. Die gesamte Insel ist ungefähr vierzig Kilometer lang und zwei Blocks breit vom Hafen bis zum Strand. Es gibt viele kleine Siedlungen mit jeweils unterschiedlichen Regeln und Lebensstilen. Die Regeln rangieren von *Kein Essen in der Öffentlichkeit* in einer besonders dicht besiedelten Gemeinde über *Kein Lagerfeuer am Strand* in einer besonders vorsichtigen Gemeinde bis hin zu *Keine Wasserflugzeuge reicher Leute sollten hier landen, sonst schießen wir denen die Köpfe weg* in einer Arbeitersiedlung. Die Lebensstile reichten von *Wilde-Geschiedene-Heterosexuelle-aus-Manhattan-feiern-die-ganze-Nacht-in-der-Disco-auf-der-verzweifelten-Suche-nach-einem-Date-für-Silvester* über *Langweilig-bitte-gebt-meinem-Haus-keinen-komischen-Namen-ich-bin-hier-um-auszuspannen-nicht-um-mit-Fremden-zu-reden* bis hin zu *Wenn-du-nicht-schwul-bist-und-*Can't Stop The Music*-nicht-schon-mindestens-dreimal-ausgeliehen-hast-dann-brauchst-du-gar-nicht-erst-von-Bord-zu-gehen.* Ich war in einer der *Langweilig-bitte-etc.-*Gemeinden, und es gefiel mir dort sehr. Tatsächlich fand ich es regelrecht himmlisch. Es gab ein Restaurant, in dem ich einmal pro Sommer aß, einen kleinen Lebensmittelladen, in den ich, wie erwähnt, ein bisschen zu häufig ging, und ein Billigwarenhaus, das von einer Frau geführt wurde, die früher Tänzerin bei den Rockettes war. Es gab eine Menge netter Familien mit einer Menge netter Kinder. Und am besten war, dass Autos auf Fire Island verboten sind. Wenn man nicht laufen will, kann man ein Fahrrad nehmen. Wenn man beides nicht will, dann kann man nur noch in der Sonne sitzen und den Wellen lauschen, die an den Strand rollen. Es wirkt wie ein Ort, an dem die Zeit stillsteht, mit seinen hölzernen Stegen, den Wassertaxis und diesem Jeder-kennt-jeden-Gefühl. Und vor allem ist es ein sicherer Ort. Fire Island gibt einem das Gefühl, dass dort nichts Schlimmes passieren kann, dass man dort, wenn man ein Kind ist, höchstens mal hinfällt und sich das Knie aufschlägt, oder dass man, wenn man ein Erwachsener ist, auf einer Cocktailparty höchstens mal zu viel trinkt und mit einer dicken Frau namens Naomi im Bett landet. Deshalb hielt ich Fire Island für den perfekten Ort für Nortons ersten richtigen Ausflug.

Als Cindy begriffen hatte, dass ich das wirklich ernst meinte und dass ich meine Katze auf gar keinen Fall ein ganzes Wochenende allein lassen würde, beschloss sie, auch Marlowe mitzunehmen. Sie wollte nicht, dass er mit dem Gefühl aufwuchs, das vernachlässigte Stiefkind zu sein.

Für unsere erste Reise *en famille* nahmen wir Tommy's Taxi, einen Van-Service, der uns (und viele yuppifizierte Wochenendausflügler, die gerne die Stadt verlassen wollten und das auch laut verkündeten) in Manhattan abholte und bis zur Fire-Island-Fähre kutschierte. Wir nahmen eine normale Tiertransportbox mit, eine aus Plastik mit Metallgitter obendrauf. Da beide Katzen noch so klein waren, hielten wir eine Box für groß genug.

Wir stiegen an der Ecke Dreiundfünfzigste und First Avenue zu, luden unsere Taschen in den Van, kletterten hinein und machten es uns so gemütlich, wie es uns zwischen den Juwelen, den Designer-Klamotten und den entblößten Körperteilen irgend möglich war. Die Katzenbox platzierte ich auf meinem Schoß.

Nach ungefähr fünfzehn Minuten Fahrt beschloss ich, dass es auf keinen Fall gemütlich sein konnte, sich in einem tragbaren Tiergefängnis aufzuhalten, also öffnete ich die Box ein Stück und steckte meine Hand hinein, um beide Kätzchen durch Streicheln zu beruhigen. Marlowe reagierte nicht. Seine Nase war in einer Ecke vergraben, und er gab sich alle Mühe, so zu tun, als läge er schon seit drei Wochen im Koma. Norton dagegen lief sofort zu meinen Fingern hinüber und drückte seine Nase hinein. Ich streichelte ihn für eine Minute, und dann, als Cindy nicht hinsah, weil sie entsetzt ein paar goldene Ohrringe in Form einer Telefonnummer anstarrte – drei Nummern hingen am linken Ohr, vier am rechten; den Ort, an den die Frau sich die Vorwahl hatte tätowieren lassen, wollte ich lieber nicht wissen –, hob ich Norton aus der Box und schloss sie schnell wieder.

Er sah mich dankbar an und miaute. Als Cindy das hörte, sah sie zu mir herüber. Als sie das Kätzchen auf meinem Schoß erblickte, rollte sie mit den Augen.

»Ich weiß, ich weiß«, sagte ich und versuchte so zu tun, als hätte ich Verständnis für ihre hartherzige Einstellung zu Tieren auf Reisen. »Aber er sah so unglücklich da drin aus.«

»Er war nicht unglücklich«, erklärte sie mir. »Er ist eine Katze. *Du* warst unglücklich, weil du ihn nicht halten konntest.«

Ich blickte hinunter auf Norton, der sich auf meinem Schoß zu einem Ball zusammengerollt und seinen Kopf auf meinen Handrücken gelegt hatte. Ich nickte und signalisierte Cindy damit, dass ihre Annahme korrekt war.

»Beweg wenigstens deine Hand«, wies sie mich an. »So kannst du doch unmöglich bequem sitzen.«

»Mir geht's gut«, erwiderte ich.

»Du sitzt bequem?«

»Na ja … nicht direkt. Aber …«

»Aber was?«

»Aber *er* sieht aus, als hätte er es bequem.«

»Ich glaube«, sagte Cindy, »ich habe einen Fehler gemacht.«

Der Rest der Fahrt verlief auf diese Weise: Marlowe kauerte in der Box und tat sein Bestes, so zu tun, als sei er Helen Keller. Norton arbeitete sich meinen Arm hinauf und setzte sich auf meine Schulter, sah hinaus auf die vorbeiziehende Landschaft, während wir über den Long Island Expressway fuhren.

Es gefiel mir besonders gut, dass er auf meiner Schulter saß, weil er offenbar gar nicht darüber nachgrübelte, dass er mich nicht wegschieben oder sich einfach auf irgendeinen Platz setzen konnte, auf dem er sitzen wollte. Dort oben wollte er sein, also ging er dort hinauf. Und ich musste ihm zustimmen. Es war nur fair. Er war klein; er wurde ohne sein Einverständnis in der Gegend herumkutschiert; er hatte keine Ahnung, wohin wir fuhren oder warum. Wenn er irgendwo sitzen wollte, wo er eine gute Aussicht hatte, wie konnte ich ihm das verwehren? Ich hatte das Gefühl – und ich glaube, das ist eine dieser cleveren Sachen, zu denen nur Katzen in der Lage sind –, dass es eine Ehre für mich war, sein gemütliches Möbelstück sein zu dürfen.

Tatsächlich beklagte ich mich nicht nur nicht, ich war fasziniert davon, Norton auf seiner ersten Reise im Van zu beobachten. Er verbrachte fast die gesamte Stunde damit, aus dem Fenster zu starren, nach vorn gebeugt, den Hals gereckt, die Nase gegen die Scheibe gepresst. Irgendetwas faszinierte ihn da draußen, obwohl ich nicht hätte sagen können, was es war. Manchmal drehte er sich zu mir um und sah mich an, und in seinen Augen lag dieser fragende Ausdruck. Er starrte mich an, bis ich mir schrecklich begriffsstutzig vorkam und flüsterte. »Was? Was willst du wissen? *Was?* Sag es mir!« Als offensichtlich wurde, dass ich ihm nicht helfen konnte, wandte er sich wieder dem Fenster zu und machte mit dem aufmerksamen Beobachten weiter.

Es war allerdings nicht so, als starre er auf ein Kaminfeuer, ohne es wirklich zu sehen, abgelenkt von den Geräuschen und der Bewegung. Für Norton war das nicht nur eine sinnentleerte Art, die Zeit totzuschlagen. Er starrte nicht nur *einfach so*. Seine Augen waren wachsam und ständig in Bewegung, sein Kopf bewegte sich hin und her, als versuche er, ein Grundlinienduell in einem aufregenden Tennisspiel zu verfolgen.

Er war so *interessiert*. Und das machte mich unglaublich neugierig. Ich verhielt mich wie ein stolzer Vater, dessen Sohn gerade dabei war, den Buchstabierwettbewerb der Sechstklässler zu gewinnen. Ich stieß ständig Cindy an, sagte jedoch nichts, sondern deutete mit den Augen auf Norton, als wenn ich sagen wollte: »Sieh ihn dir an! Ist der nicht unglaublich intelligent?«

Mehrere Leute im Auto hörten tatsächlich für einen Moment lang auf, über sich selbst zu reden, und bemerkten, dass da ein Kätzchen auf meiner Schulter saß, ein Kätzchen mit gefalteten Ohren, das sich ungewöhnlich stark für die Landschaft von Long Island zu interessieren schien.

Ein paar beugten sich vor und streichelten ihn. Norton begegnete dieser Aufmerksamkeit mit dem, was ich heute seine *Laissez-faire*-Reaktion auf Bewunderer nenne. Er wich nicht aus oder huschte zurück in seine Box. Und er rieb auch nicht die Nase liebevoll gegen unbekannte Handflächen oder ermunterte die Leute sonst in irgendeiner Weise zu mehr Streicheleinheiten. Er saß einfach da und ertrug das Streicheln und die Komplimente so stoisch, wie er konnte. Irgendwann drehte er sich dann zu mir um, da wir sozusagen auf Augenhöhe waren, und der Ausdruck auf seinem Gesicht sagte: »Schon gut. Das ist einfach der Preis, den ich dafür zahlen muss, ich zu sein.«

Ich nickte verständnisvoll, und wenn das Streicheln aufhörte, schmiegte er sich etwas enger an mich, drehte sich von den Fremden weg, vergrub sein Gesicht an meinem Hals, schloss die Augen und schlief ein.

Marlowe, der im Van wenn nicht glücklich, so doch auf jeden Fall still gewesen war, gefiel die zwanzigminütige Fährüberfahrt von Bay Shore auf dem Festland nach Fair Harbor auf der Insel überhaupt nicht. Er bewegte sich kein Stück in der Box, und als Cindy ihn beruhigend streicheln wollte, wich er ihrer Hand aus. Ich glaube, wenn er nicht so unglaublich lieb gewesen wäre, dann hätte er sie vielleicht angefaucht. Aber dieser tragische Level war noch nicht erreicht.

Norton machte es natürlich nur noch schlimmer, weil er das offene Meer (oder zumindest die offene Bucht) sofort so liebte, als sei er irgendwie mit der Popeye-Familie verwandt.

Wie im Van schob er seine Nase sofort an (und durch) die Gitterstäbe oben an seiner Box und machte dadurch mehr als deutlich, dass er raus wollte. Also griff ich erneut hinein, hob ihn heraus und setzte ihn auf meinen Schoß.

Nach ein paar Minuten des Experimentierens fanden wir eine Position, die uns beiden am besten gefiel: Ich legte mein linkes Bein in einem Neunzig-Grad-Winkel über mein rechtes Knie, und Norton saß auf meinem rechten Oberschenkel und legte seinen Kopf auf meinen linken Fuß. (Das ist noch immer seine Lieblings-Reiseposition, obwohl sein Körper jetzt, wo er größer und älter ist, meinen rechten Oberschenkel bis zum linken Knie bedeckt. Da auch *ich* älter geworden bin und meine Gelenke immer stärker knirschen, ist es für mich nicht mehr so komfortabel. Natürlich bin ich zu gut erzogen, um die Position zu wechseln. Ich lebe sehr viel lieber mit knirschenden Gelenken als mit einem schlecht gelaunten Reisegefährten.)

Außerdem beschloss er nach ungefähr zehn Minuten Überfahrt, dass er das Wasser genauso interessant fand wie die Autobahn. Während ich seine Körpermitte so fest hielt, wie ich konnte, setzte er sich erneut auf meine Schulter und legte die Vorderpfoten auf die Reling der Fähre.

Cindy war ein bisschen nervös, ihn in einer so gefährlichen Position zu sehen, und ich muss gestehen, ich auch. Glauben Sie mir, ich sah mich im Geiste schon auf der Suche nach einem abgestürzten Kätzchen über Bord springen. Aber ich hielt ihn in einem sicheren Griff. Und außerdem hatte ich das untrügliche Gefühl, dass dieses besondere Kätzchen nichts so Unbedachtes und Verrücktes tun würde wie von meiner Schulter in die eiskalte Bucht zu springen. Ich wusste nicht, warum ich so viel Vertrauen in Norton hatte, ich kann nur sagen, dass er es wirklich nie enttäuschte. Ich habe von Anfang an ein bestimmtes Benehmen von ihm erwartet, und er hielt sich fast immer daran. Ich habe Norton in Autos mit geöffneten Türen allein gelassen, in Warteräumen von Flughäfen, während ich eincheckte, auf Restaurantstühlen, während ich zur Toilette ging. Ich kann mich nicht an ein einziges Mal erinnern, wo er weglief oder irgendwo heruntersprang oder sich versteckte.

Wir wurden auf dem Schiff ziemlich schief angeguckt: ein Mann und seine seefahrende Katze. Dann, nach zwanzig Minuten, gingen wir wieder an Land. Wir waren mit einem Taxi, einem Van und einer Fähre gefahren. Wir hatten den Feierabendverkehr, die salzige Gischt und verrückte Sonnenanbeter ertragen. Der erste Teil von Nortons erster richtiger Reise war geschafft.

4. Kapitel

Die Katze, die pendelte

Norton gefiel das Leben draußen sofort. Es war ein bisschen beängstigend, wie einfach es war, ihn sich als Landedelmann vorzustellen.

Wir nahmen beide Katzen mit in das kleine Strandhaus und öffneten die Box. Marlowe – der Arme; ich hoffe, niemand liest ihm das hier je vor, weil er dann einen ziemlichen Minderwertigkeitskomplex bekommen wird – wollte nicht rauskommen. Wenn ich nicht noch viele weitere Monate in seiner Gesellschaft verbracht und gesehen hätte, wie er sich anderswo bewegte, dann würde ich wohl annehmen, dass er *immer noch* in dieser Box hockt. Norton dagegen hatte schon nach wenigen Minuten seine neue Umgebung gründlich erkundet.

Er schnüffelte sich durch das ganze Miniaturhaus – um die Couch herum, durch die Einbauküche, die Leiter zum Schlafboden rauf. Nachdem er oben alles erkundet hatte, streckte er den Kopf über den Rand des Schlafbodens und sah zu uns herunter, und ich wusste genau, was er vorhatte. Ich sah ihm direkt in die Augen und schüttelte den Kopf nur ein Mal, aber sehr entschieden – und ich bin überzeugt, dass er deshalb die Leiter wieder hinunter ins Wohnzimmer stieg, einen kleinen Sprung nach dem anderen, anstatt einen großen Dreieinhalb-Meter-Satz zu wagen. Ich wusste (und er wusste), dass er es gekonnt hätte. Aber ich wusste (und ich bin sicher, das wusste er auch), dass ich dann vermutlich einen Herzinfarkt bekommen hätte.

Als er wieder unten war, erkundete er das Badezimmer, sprang auf den Rand der Wanne, ließ sich hineingleiten. Sie war aus Vinyl, sehr glatt und viel zu rutschig, als dass ein Kätzchen seiner Größe einfach wieder hätte herausspringen können, also musste ich ihn holen gehen, als er ungeduldig zu miauen begann. Das wurde ein ziemlich regelmäßiges Ritual, bis er fast erwachsen war und es allein wieder nach oben schaffte. Mindestens einmal am Tag hörte ich sein trauriges Miauen aus dem Badezimmer und musste ihn eilends retten. Ich muss gestehen, dass ich ihn, teilweise, um mich dafür zu rächen, dass er mich wieder beim Arbeiten, mitten im Gespräch oder beim Schlafen gestört hatte, und teilweise, weil es einfach so lustig anzusehen war, in der Regel noch drei oder vier eigene Versuche unternehmen ließ. Er sah mich, versuchte, die Wannenwand hinaufzuklettern, schaffte es nicht, und rutschte wieder hinunter zum Stöpsel. Nach einigen weiteren erfolglosen Versuchen miaute er verärgert, nur ein Mal, um mich wissen zu lassen, dass der Spaß vorbei war und dass er meine Hilfe wollte – *jetzt*. Er würde sich nicht länger zu meiner Belustigung lächerlich machen.

Norton mochte die Wände des Strandhauses besonders gerne, die mit grobem Leinenstoff beklebt waren. Zweifellos sehr hübsch, aber auch sehr gut geeignet zum Klettern.

Während Cindy und ich uns alle Mühe gaben, Marlowe aus seiner Box zu locken, hörten wir ein kurzes, reißendes Geräusch – eigentlich sogar fünf oder sechs kurze, reißende Geräusche –, und als wir uns umdrehten, sahen wir

Norton fast oben an der Decke, die Krallen in den Wandstoff geschlagen.

Ich fand natürlich, dass es das Großartigste war, was ich je gesehen hatte. Ich wollte Norton auf meiner Liste der großen Abenteurer mit Columbus, Tom Sawyer, John Glenn und dem ersten Menschen, der jemals Fleisch im Versandhandel bestellt hatte, in eine Reihe stellen. Cindy wies mich jedoch – zum Glück für mein Bankkonto – sofort darauf hin, wie teuer es sein würde, jede Wand im Haus neu tapezieren zu lassen. Also holten wir Norton schnell herunter und versuchten, ihm dieses besondere Vergnügen auszureden, obwohl auch das immer wieder vorkam.

Als Nächstes gaben wir uns alle Mühe, unsere abenteuerlustige Katze stubenrein zu machen. Ein Katzenklo wurde im Badezimmer aufgestellt, und wir trugen ihn dorthin, damit er seine Malheure nicht mit Unwissenheit entschuldigen konnte. (Wie sich herausstellte, benutzte er in drei Jahren auf Fire Island nicht ein einziges Mal ein Katzenklo. Draußen stand ein riesiges Sandklo zur Verfügung, und ich glaube, es machte ihm großen Spaß, sich auf die freie Art seiner Vorfahren zu erleichtern.) Wir stellten ihm und Marlowe auch Schüsseln mit Futter und Wasser hin – natürlich eine eigene für jeden –, aber wir waren sicher, dass es noch *Wochen* dauern würde, bis Marlowe wieder fraß. Norton nahm die Schüsseln zur Kenntnis, indem er ein oder zwei schnelle Bissen Trockenfutter herunterschlang, aber er war nicht wirklich bei der Sache. Er wollte nur noch nach draußen.

Obwohl er direkt auf die Fliegengittertür zuhielt, war er noch immer ein kleines Kätzchen – noch nicht ganz drei Monate alt –, und deshalb fand Cindy, dass wir ihn aus gesundheitlichen Gründen noch nicht draußen herumlaufen lassen konnten. Er war zu jung, um all diesen unbekannten Bakterien und Zecken und anderen bedrohlichen Dingen ausgesetzt zu werden, vor denen die Natur nur so strotzte und an die ich nicht einmal denken wollte. Aber er schien so begierig auf die unbekannten Gefilde zu sein ...

Ich fand eine Lösung. Es war ein perfekter Sommertag, also schlüpften wir schnell in unsere offiziellen Fire-Island-Klamotten – Shorts, keine Schuhe, kein T-Shirt für mich, Tanktop für Cindy –, machten uns Eistee und begannen mit Schritt eins, um aus Norton eine Katze mit Freigang zu machen. Wir legten ihm ein blaues Halsband um – das in seinem grauen Fell ziemlich schick aussah – und besorgten uns bei der Rockette-Frau einen langen, langen Bindfaden, vielleicht neun Meter lang. Aus dem Bindfaden bastelten wir eine provisorische Leine, trugen Norton auf die Veranda und banden ihn am Türgriff fest.

Ohne Marlowe, der immer noch nicht aus seinem tragbaren Gefängnis herausgekommen war, tranken Cindy und ich unseren Eistee – übrigens war das ein nicht alkoholischer Eistee; ich erwähne das, weil wir feststellen mussten, dass man, wenn man in Bars und Restaurants auf Long Island einen Eistee bestellt, einen mit so viel Alkohol drin bekommt, dass er einen Elefanten besoffen machen würde –, streckten uns in unseren Madras-Strandstühlen aus und warteten ab, was passieren würde.

Wir mussten nicht lange warten.

Norton brauchte nur ein paar Sekunden, um sich zu fangen. Das hier war etwas anderes, als in ein fremdes Wohnzimmer gesetzt zu werden. Es war, als dürfte man auf einem fremden Planeten spazieren gehen.

Zuerst nahm er eine geduckte Haltung ein. Er blickte sich nervös um, als warte er darauf, dass ihn etwas anspringt. Dann entspannte er sich etwas. Er machte einen Schritt nach vorn und schien immer noch überall potenzielle Gefahren zu sehen. Sein Näschen bewegte sich, während er hunderte von brandneuen Gerüchen wahrnahm, und seine gefalteten Ohren drehten sich von einer Seite zur anderen, hörten alle möglichen Dinge wie Vögel und Grillen und Bienen, von deren Existenz er nichts geahnt hatte. Und dann passierte etwas Großartiges.

Norton machte plötzlich einen wirklich hohen Freudensprung. Baryshnikov wäre neidisch darauf gewesen. Er landete auf den Pfoten und sprang noch einmal, schlug diesmal nach der Schnur, die vor ihm lag. Ein Miauen brach aus ihm heraus, aber kein normales Miauen. Dieses hier klang verdächtig nach »Yippie!«.

Es dauerte vielleicht dreißig Sekunden, da hatte meine Katze schon aufgeregt die gesamte Holzveranda erkundet. Es dauerte vielleicht dreißig *Minuten*, die Schnur wieder zu entwirren – die jetzt unter einem Stuhl hindurch, um den quadratischen Tisch, den anderen Stuhl, zweimal um Cindys Knöchel, über und dann unter einen dritten Stuhl und dann wieder um den Tisch gewickelt war, bevor sie irgendwo auf der Mitte der Veranda zu Ende war.

Norton konnte sich jetzt nicht mehr bewegen. Als ich endlich wieder alles entwirrt hatte, wollte er sofort wieder los. Und er lief los. Nach weiteren dreißig Sekunden musste ich ihn erneut aus seiner Bindfaden-Zwangsjacke befreien. Cindy konnte nicht aufhören zu lachen. Norton konnte nicht aufhören zu rennen, und ich konnte nicht aufhören, ihn zu entwirren. Wir alle drei waren so glücklich, wie wir nur sein konnten.

Nach gut zwei Wochen waren wir schon richtig routiniert.

Am Donnerstagabend packten wir jeder eine Tasche,

steckten die Kätzchen in ihre jeweiligen Boxen – wir waren wegen der Bequemlichkeit verschwenderisch gewesen; der Bequemlichkeit der Katzen –, nahmen um halb sechs Tommy's Taxi und um sieben Uhr die Fähre nach Fair Harbor. Marlowe kauerte sich in seiner Box zusammen und kam erst raus, wenn er sicher in unserem Haus angekommen war. Norton verbrachte die Fahrt im Van auf meiner Schulter und starrte aus dem Fenster und die Fährüberfahrt an die Reling gelehnt auf meinem Schoß. Wenn wir wieder an Land waren, wurde er unruhig und dachte ernsthaft darüber nach, aus seiner Tasche zu springen. Ich wusste, dass es nicht mehr lange dauern würde, bis er die Insel allein erkundete.

Ich hatte eine neue Reisetasche besorgt, perfekt für ihn, praktisch für mich. Eigentlich war sie für Hunde gedacht, aber er fühlte sich ziemlich wohl darin, und sie schien ihm besser zu gefallen als die alte Box. Es war eine Schultertasche aus weichem Stoff mit einem harten Streifen am Boden, der das Tier stützte. Vorne war ein Netzeinsatz, damit das Tier darin atmen und hinausblicken konnte. Norton brauchte das Netz jedoch nicht, um rauszusehen oder zu atmen, weil ich die Tasche niemals schloss. Ich setzte ihn nur hinein und hängte mir die Tasche über die linke Schulter, und dann saß er darin, drehte den Kopf in alle Richtungen und nahm jeden Eindruck, jedes Geräusch und jeden Geruch in sich auf. Es dauerte nicht lange, und ich musste ihn nicht mal mehr hochheben und reinsetzen. Wenn es Zeit für einen Ausflug wurde, dann stellte ich die Tasche einfach auf den Boden, und er kletterte rein und machte es sich darin gemütlich.

Nach einem Monat, den wir fast nur damit verbracht hatten, jedes erreichbare Objekt auf unserer Holzveranda vom Bindfaden zu befreien, beschlossen wir, dass es Zeit wurde, die Katze loszulassen. Mein Vermieter, dessen Familie sich die vordere Veranda mit uns teilte, hatte sich schon beschwert. Ihre Fahrräder waren inzwischen so eng umwickelt, dass sie aussahen, als wären es Fahrradmumien aus Tutanchamuns Grab.

An dem Wochenende, an dem es so weit sein sollte, blieben Cindy und Marlowe in der Stadt. Eine von Cindys besten Freundinnen war gekommen, und sie hatten beschlossen, einen offiziellen FA (Frauenabend) zu verbringen. Sie wollten mal so richtig einen draufmachen – echte Cola, Öl auf dem Salat und laute Diskussionen über Blasenentzündungen. Norton und ich waren also allein und würden uns als Junggesellen durchschlagen.

Am Freitagabend in Tommy's Taxi gewann ich eine erstaunliche und fürs weitere Leben sehr nützliche Erkenntnis. Es war mir immer ziemlich komisch vorgekommen, dass keiner der feiernden Wochenendausflügler im Van oder auf der Fähre jemals die Tatsache bemerkte, dass da eine unglaublich süße Katze auf meiner Schulter saß, die unglaublich süße Dinge tat. Ich hatte keine Banner oder selbstkomponierten Lieder über »Eine Katze namens Norton« erwartet:

Wer ist die Katze mit den gefalteten Ohren?
Wer ist die Katze, ohne Ängste geboren?
Wer ist Katze, die herumspringt allerorten?
Das ist keine Katze – das ist Norton!

– oder irgendetwas in der Art, aber ich hätte eine gelegentliche Bemerkung wie »Was für eine süße Katze!« oder »Ist der immer so brav?« oder »Was ist mit seinen Ohren passiert?« erwartet. Nein. Normalerweise kam nichts.

An diesem Freitag fuhr ich nun also wie immer im Van,

vertieft in den Sportteil der *Post*, die Katze auf meiner Schulter, die sich die Meilensteine des Long Island Expressways ansah, als eine Frau hinter mir, die ein Sweatshirt mit der Botschaft »Life's a Beach« trug, sagte: »Was für eine Rasse ist das eigentlich?«

»Eine Scottish Fold«, erklärte ich. »Seine Ohren sind gefaltet, sehen Sie?«

»Sie ist unglaublich.«

Lächelnd wandte ich mich wieder dem Sportteil zu.

»Entschuldigen Sie«, sagte die Frau, die neben mir saß. Sie trug ein T-Shirt mit der Aufschrift »Life's a Beach«. »Was für eine Katze ist das, sagten Sie?«

»Eine Scottish Fold«, wiederholte ich. »Sehen Sie? Seine Ohren sind so gefaltet.«

»Sie ist wunderschön.«

»Danke.«

»Benimmt sie sich immer so gut?«

»Immer«, erklärte ich stolz.

Zurück zum Sportteil.

»Ist das eine Scottish Fold?«, fragte die Frau vor mir und drehte sich lächelnd zu mir um. Sie trug kein T-Shirt mit der Aufschrift »Life's a Beach«. Aber der Typ neben ihr.

»Hm-hm«, nickte ich.

»Weil seine Ohren so gefaltet sind.«

»Hm-hm.«

»Er ist ja so *süß*.«

»Ich weiß.«

»Ist der immer so wohlerzogen?«

Obwohl ich mir sonst immer einbilde, ein guter Beobachter menschlichen Verhaltens zu sein, hatte ich in diesem Fall absolut *keine* Ahnung, warum Nortons Ohren auf einmal das Hauptthema der Autofahrt waren. Mir war völlig schleierhaft, was diesmal anders war als bei den anderen Fahrten.

Erst als ich auf der Fähre war, ging mir ein Licht auf.

Wir waren auf dem Oberdeck. Norton war auf die Möwen fixiert, die über den Wellen schwebten. Ich aß gerade genüsslich eine Portion frittierte Venusmuscheln, eine Spezialität von Porky's, dem wunderbar heruntergekommenen Pub am Fähranleger.

Ich war alleine auf dieser Fahrt.

Das war der Unterschied. Niemand wollte sich die Mühe machen, meine Katze zu bewundern, wenn ich neben einer attraktiven Frau saß, mit der ich offensichtlich zusammen war. Aber an diesem Abend war Cindy nicht da. Also war Norton plötzlich der perfekte Ausgangspunkt für ein unverfängliches Gespräch.

Ich war ein bisschen erstaunt. Ich hatte mich selbst nie als das Objekt der Begierde einer Wagenladung voller Frauen gesehen. Und ich hatte auch Norton niemals als Köder gesehen, den ich mit mir herumschleppte. Waren die Zeiten so schlecht, dass die Leute sogar nur noch mit einem *redeten*, wenn sie etwas von einem wollten? Zum Beispiel, dass man ihr Lebenspartner wurde? Das war unglaublich. Das war ...

Wie aufs Stichwort schwebte plötzlich eine Hand vor meinem Gesicht und mopste eine Muschel – meine Muschel – von dem Styroporteller.

Als ich aufsah, stand eine recht attraktive Frau Ende zwanzig vor mir und hielt die Muschel zwischen ihren Fingern. Sie trug – vergessen Sie nicht, das ganze liegt jetzt schon ein paar Jahre zurück – ein *Flashdance*-artiges T-Shirt. Im Laufe des Sommers sollte mir dieser Look sehr vertraut werden. (Es ist schon überraschend, wie sich Modetrends allein durch die Nähe zu Manhattan auch in einem verschlafenen kleinen Ort wie Fire Island verbreiten und von der gesamten Insel Besitz ergreifen. Mein persönlicher Modetrend-Favorit ist ein Spiel namens Kadima. Es könnte auch *Das dämlichste Spiel, das jemals erfunden wurde* heißen. Dazu gehören jeweils ein Holzschläger pro Spieler – von denen es immer zwei oder drei gibt – und ein harter schwarzer Gummiball. Ziel des Spiels ist es, wie ein Affe am Strand zu stehen, vorzugsweise mitten in einem besonders belebten Abschnitt, wo man Leute nerven kann, die ihre Ruhe haben wollen und nach Entspannung suchen. Ein Spieler schlägt den Ball zu einem anderen, und der Ball darf dabei nicht den Sand berühren. Es gibt kein Netz, kein Aus, keine Punkte, keine Regeln abgesehen von der schon genannten. Es gibt nur ein wirklich lautes, nerviges Geräusch, das jedes Mal ertönt, wenn der Ball auf den Schläger trifft. Klingt nach einer Menge Spaß, stimmt's? Glauben Sie mir, in jenem Sommer sorgte Kadima für *stundenlangen* Spaß am Strand.)

Aber kehren wir zurück zu der Muscheldiebin.

Ihr T-Shirt war am Hals absichtlich zerrissen und enthüllte ihre dunkelgebräunte Schulter (mit jeder Menge Fleisch, das man der Sonne darbieten konnte), auf der ein kleines Tattoo zu sehen war. Mich überfiel die irrationale Angst, dass ich, wenn ich zu nah an das Tattoo heranging, feststellen würde, dass dort »Life's a Beach« stand. Also wandte ich den Blick ab oder richtete ihn zumindest wieder auf die Muschel.

»Ich wusste, dass es jemandem mit einer so süßen Katze«, sagte sie, »nichts ausmacht, sein Essen mit mir zu teilen. Ich bin ja so *hungrig*.«

Sie zeigte mir all ihre Zähne in dem freundlichsten Lächeln, das mir jemals gegolten hat. Es wäre allerdings effektiver gewesen, wenn ihr Zahnfleisch nicht von ihrer Stirn bis zu ihren Knien gereicht hätte.

»Dürfte ich bitte meine Muschel zurückhaben?«, bat ich sie höflich.

Ihre Zähne blitzten erneut auf, nur dass sie diesmal das kleine frittierte Ding zwischen der oberen und der unteren Reihe verschwinden ließ.

»Was für eine Rasse ist das?«

Ich antwortete nicht. Ich war zu sehr damit beschäftigt, ihr beim Kauen zuzusehen.

»Wie kommt es, dass er die Ohren so anlegt? Hat er Angst?«

Ich schüttelte den Kopf. Sie schluckte. Ich sah zu, wie die kleine Beule ihren Hals hinunter außer Sichtweite rutschte.

»Haben Sie ihn betäubt? Wie kann er da einfach so ruhig sitzen?«

Dann kam Bewegung in sie. Ihre juwelenbesetzten, gebräunten Finger langten wieder in Richtung meines Tellers. Dieses Mal hielt ich sie mit meiner Hand auf. Zu ihrer Überraschung schoben sich unsere Finger für einen Moment ineinander. Aber sie schenkte mir erneut ihr blendendes Lächeln. Das Lächeln verblasste etwas, als ich sagte: »Wenn Sie noch eine Muschel anrühren, sind Sie tot.«

Ich bin ziemlich sicher, dass sie das für einen Scherz hielt, denn sie versuchte, ihre Hand zu befreien und wieder nach meinem Essen zu greifen.

»Ich möchte nicht unhöflich sein«, sagte ich in bester, ruhiger Clint-Eastwood-Manier, »aber ich bin extrem hungrig. Ich habe mir diese Muscheln gekauft, um jede Einzelne davon aufzuessen, abgesehen von der einen, die ich meinem Kater gebe. Es stört mich nicht, wenn er auf den Teller langt und sich eine nimmt, weil ich ihn kenne. Aber Sie kenne ich nicht. Wenn Sie also noch einmal danach greifen, dann sehe ich mich leider gezwungen, herauszufinden, wo Sie wohnen, nachts in ihr Haus zu schleichen und Ihnen die Daumen zu brechen.«

Ich sagte zwar nicht: »Na, willst du es drauf ankommen lassen, Kleine?«, aber ansonsten klang ich durchaus nach Dirty Harry. Das schien zu wirken. Die Frau trat langsam den Rückzug an – offenbar überzeugt davon, mit dem Ted Bundy der Fähre geflirtet zu haben – und verschwand in der Menge.

Ich sah Norton an, der über meiner Schulter lag. Er erwiderte den Blick und miaute.

»Ich weiß, was du meinst, Kumpel«, sagte ich zu ihm. »Ich glaube nicht, dass wir der Single-Szene schon wieder gewachsen wären.«

Am nächsten Morgen war der große Tag. Norton sollte den Strand kennenlernen.

Er wusste das ganz genau. Fragen Sie mich nicht, woher er es wusste, aber das tat er. Ich erwarte das inzwischen von ihm. Er scheint immer zu wissen, wann uns ein wichtiger Termin ins Haus steht: wenn ich verreise, wenn *er* verreist, wenn etwas besonders Trauriges passiert ist oder wenn etwas besonders Schönes ansteht. Wenn ich es nicht besser wüsste, dann könnte ich schwören, dass er irgendwo in der Wohnung einen Kalender versteckt hat. Weil er sich immer mehr an die Wochenenden am Strand gewöhnte, veränderte sich sogar sein morgendliches Verhalten. Von Montag bis Donnerstag behielten wir unser morgendliches Kuscheln bei, und dann, nachdem ich mich aus dem Bett gequält hatte, rannte Norton in die Küche, sprang auf die Arbeitsplatte und wartete dort ungeduldig darauf, dass ich ihn fütterte. An Freitagen folgte er dem gleichen Muster – aus dem Bett, durch die Schlafzimmertür, um die Ecke, scharf nach rechts, durch das Wohnzimmer, an der Wohnungstür vorbei in die Küche –, nur dass er dann plötzlich abrupt vor der Wohnungstür zum Stehen kam und dort begierig wartete. An Freitagen wollte er nicht mal sein Frühstück. Er wollte nur endlich losfahren.

Am Tag seiner ersten Solo-Expedition sprang mein kleiner Kerl schon in dem Moment aus dem Bett, als ich die Augen aufschlug, und wartete vor der Tür des Hauses auf Fire Island, wobei er sich wiederholt umdrehte, um zu sehen, warum ich so lange brauchte.

Ich rieb mir den Schlaf aus den Augen und zog mir eine Shorts an, kletterte die Schlafboden-Leiter hinunter und ging zu ihm an die Tür. Ich zögerte. Für einen kurzen melancholischen Moment schossen mir Bilder von Norton am Straßenrand durch den Kopf, den Daumen gehoben, um in der weiten Welt sein Glück zu suchen. Ich riss mich zusammen, erinnerte mich daran, dass er keinen Daumen *hatte*, dann schwang ich die Fliegengittertür auf. Norton zögerte *nicht*. Er schoss nach draußen. In einer Zehntelsekunde war er draußen, rannte über den Hof, rannte wieder zurück und verschwand wie der Blitz unter der Holzveranda.

Mir wurde klar, dass ich zwei Möglichkeiten hatte. Ich konnte mich wie ein kompletter Idiot aufführen und versuchen, ihm draußen überallhin zu folgen, um über ihn zu wachen. Oder ich konnte ein rationaler, vernünftiger Mensch sein und mich entspannen, mir eine Kanne starken französischen Röstkaffee mit einem Hauch Zimt kochen, die Zeitung holen, über die faszinierenden Ereignisse des Tages lesen und dann eine gesunde, erfrischende Runde Schwimmen gehen. Die Wahl schien offensichtlich.

Ich beschloss, Norton zu folgen.

Er genoss seine Freiheit in vollen Zügen. Sprang herum, jagte Vögel und Eichhörnchen – nicht fangen, nur jagen –, kroch auf dem Bauch durch das Gras, kaute auf Blumen herum und gefiel sich offensichtlich in seiner neuen Rolle als herumstreifendes Dschungelraubtier.

Nach etwa einer halben Stunde beschloss ich, dass alles in Ordnung war und dass er allein draußen in der Natur zurechtkam, also ging ich zurück ins Haus, um ein paar Menschen-Dinge zu erledigen wie ein Buch zu schreiben und genug Geld zu verdienen, um Nortons Sommerhaus bezahlen zu können.

Ich machte mir nie *wirklich* Sorgen. Ich wusste, dass er ziemlich dicht beim Haus bleiben oder zumindest nicht so weit weggehen würde, dass er den Weg nicht zurück fand. Manchmal trat ich vorm oder hinterm Haus aus der Tür und rief ihn, um mich davon zu überzeugen. Ich hörte ein klares Miauen als Antwort, das mich wissen ließ, dass alles in Ordnung war, dann arbeitete ich weiter.

Gegen Mittag beschloss ich, in den Supermarkt zu gehen (ich hatte den Leuten dort vergeben, dass sie mich bei Cindy verpetzt hatten). Ich konnte mich sogar dazu durchringen, nicht nach Norton zu sehen. Ich nahm an, dass er meine etwa zwanzigminütige Abwesenheit gar nicht bemerken würde, warum also sollte ich ihn stören? Ich wollte nicht, dass er mich für einen überängstlichen Dad hielt. Mit dem Gefühl eines stolzen Vaters, dessen Sohn gerade den Führerschein gemacht hatte und nun zu seiner ersten Verabredung fuhr, schrieb ich eine Liste mit den Dingen, die ich kaufen musste, und machte mich auf den Weg.

Ich war ungefähr einen Dreiviertelblock in Richtung Supermarkt gegangen, als ich es zum ersten Mal hörte. Ein entferntes knurrendes Miauen, das auch ein bisschen kläglich klang. Ich machte noch zwei Schritte, hörte es wieder. *Brrrrmiauuu.*

Ich blieb stehen und wandte den Kopf. Norton saß mitten auf dem Bürgersteig, ungefähr sechs Meter hinter mir. Er versuchte, mir zu folgen, aber ich ging zu schnell.

»Was machst du denn da?«, fragte ich. »Geh zurück zum Haus.«

Wieder ging ich in Richtung Supermarkt, und es gelang mir, ganze zwei Schritte zu machen, bevor ich ein sehr viel eindringlicheres Miauen hörte. Als ich mich umdrehte, war Norton einen guten Meter weitergehüpft.

»Dann komm«, rief ich. »Gehen wir.«

Und zu meiner großen Verwunderung kam er angerannt, bis er ungefähr anderthalb Meter hinter mir war. Dann blieb er stehen. »Komm«, sagte ich ihm. »Ich gehe langsam.« Aber näher wollte er nicht kommen.

Ich machte einige weitere Schritte und blickte mich dann um. Er folgte mir – blieb jedoch stehen, wenn ich stehen blieb. Ich ging noch ein paar Schritte, drehte mich um. Er hielt mit.

Ich ging die restlichen drei Blocks zum Supermarkt, und Norton folgte mir, hielt jedoch weiterhin anderthalb Meter Abstand und miaute alle paar Meter, um mich wissen zu lassen, dass er noch da war. Mehrere Einwohner von Fair Harbor, die an uns vorbeikamen, blieben stehen und starrten uns erstaunt an. Ich verhielt mich so, als wäre nichts ungewöhnlich daran, dass das süßeste Kätzchen der Welt mit seinem Lieblingsmenschen einen kleinen Mittagsspaziergang machte.

Zweimal rasten Leute auf Fahrrädern an uns vorbei,

und Norton erstarrte. Aber er verfiel nie in Panik. Als sie wieder weg waren, musste ich ihm nur versichern, dass alles wieder in Ordnung war und dass Fahrräder nur eine manchmal auftretende Gefahr hier in der echten Welt waren; dann verfiel er wieder in sein vertrauensvolles Trotten und glaubte meinem Versprechen, dass ich schon auf ihn aufpassen würde.

Nach ein paar Minuten erreichten wir den Eingang des Supermarktes, in dem sich ungefähr zehnmal mehr Menschen befanden, als Norton jemals in seinem Leben gesehen hatte. Kinder rannten herum und spielten Fangen, Fahrräder und Skateboards rasten durch die Gegend, mehrere Leute mit »Life's a Beach«-T-Shirts versuchten, mehrere andere Leute mit *Flashdance*-T-Shirts zu beeindrucken. Selbst für Norton war das ein bisschen viel.

Während wir näher kamen, überlegte ich, was ich jetzt mit ihm machen sollte. Sollte ich abwarten, ob er mit hineinkommen und hinter mir durch die Gänge schlendern würde? Sollte ich ihn hochheben und tragen? Jemanden bitten, auf ihn aufzupassen, während ich einkaufte – einen Katzensitter für zehn Minuten?

Norton beendete meine Überlegungen und nahm die Angelegenheit selbst in die Pfote. Nachdem er die Situation kurz abgeschätzt hatte, raste er an der Tür des Supermarkts vorbei, rannte die drei Meter oder so auf den Kai zu und verschwand dann in einer dichten Reihe von Büschen.

Ich ahnte, dass ich wahrscheinlich den Rest des Nachmittags damit verbringen würde, ihn wieder aus dem Gestrüpp hervorzulocken. Nachdem ich es zwanzig Minuten lang versucht hatte, beschloss ich, dass es nicht zu ändern war. Ich konnte ihn sehen, und er wollte sich offenbar nicht vom Fleck rühren, also beschloss ich, dass er dort während meines Einkaufs sicher war. Ich ging in den Supermarkt und kaufte die Zutaten für ein köstliches Mittagessen – zwei saftige Knackwürste, deutschen Kartoffelsalat, ein dunkles Heineken und eine Dose *Nine Lives*-Truthahn-Innereien – dann begab ich mich wieder nach draußen, um mich dem Katzen-Problem zu widmen.

Das Problem war jetzt: Die Katze war verschwunden.

Als ich vor dem Gebüsch stand, unter dem Norton sich versteckt hatte, rief ich seinen Namen. Nichts. Kein Geräusch, keine Bewegung. Ich ging runter auf alle viere und blickte unter die Zweige, aber nirgendwo blitzte ein Stück graues Fell auf. Meine Kehle fühlte sich an, als stecke ein zwei Tonnen schwerer Granitblock darin; mein Magen schlug Purzelbäume, die den sieben Santini-Brüdern Konkurrenz gemacht hätten. Ich konnte es nicht glauben. Wie hatte ich ihn hier draußen allein lassen können? Was hatte ich mir dabei gedacht? So intelligent Norton sein mochte, er war kein Mensch. Er war nicht mal ein Hund. Er war nur eine Katze! Eine Katze, die noch niemals draußen gewesen war, und ich hatte ihn einfach allein gelassen! Und jetzt versteckte er sich entweder irgendwo und zitterte in Todesangst, hatte sich hoffnungslos verlaufen und würde niemals wieder auftauchen oder war von zwei Brüdern namens Rick und Mick entführt worden, die gerade den ersten Knallfrosch an seinen Schwanz gebunden hatten.

Ich zwang mich, ruhig zu bleiben. Ich holte tief Luft und rief Nortons Namen ein zweites Mal. Es folgte nur eine schreckliche Stille. Für eine unendlich lange Sekunde. Dann zwei Sekunden … dann … *Brrrmiauuu.*

Ein grauer Kopf mit gefalteten Ohren schob sich aus dem Gebüsch – genau dort, wo ich ihn zuletzt gesehen hatte. Der Rest des Körpers folgte. Norton stand auf dem

Bürgersteig und sah mit einem seiner »Was ist das Problem?«-Blicke zu mir auf.

Ich wollte ihm nicht zeigen, dass ich völlig das Vertrauen in ihn verloren hatte und in Panik ausgebrochen war, deshalb gestattete ich mir nur einen winzigen erleichterten Seufzer. Dann wandte ich mich um, ging am Supermarkt vorbei und hielt erst wieder an, als ich meine Holzveranda erreicht hatte. Ich musste mich nicht umsehen: Norton war natürlich mitgekommen und den ganzen Weg lang anderthalb Meter hinter mir hergelaufen.

Im Laufe des Sommers wurden Nortons kleine Ausflüge zu einem wunderschönen, angenehmen Ritual. Cindy arbeitete jetzt wieder mehr und immer öfter auch an den Wochenenden, sodass Norton alle zwei, drei Wochen mein einziger Begleiter am Strand war. Er begleitete mich morgens immer zum Supermarkt, normalerweise auch mittags, und manchmal ließ er sich auch dazu herab, es abends zu tun. Dabei lief er kaum je direkt neben mir. Am liebsten hielt er jenen bequemen Abstand von anderthalb Metern. Er miaute regelmäßig, um mich wissen zu lassen, dass er noch da war. Als ich mich daran gewöhnt hatte, drehte ich mich nicht mehr nach ihm um. Ich ging einfach munter meiner Wege, hörte seine Zurufe, dass alles in Ordnung war, und rief dann zurück: »Okay, okay, sieh zu, dass du Schritt hältst.« Ich gewöhnte mich auch daran, dass, wenn Leute an uns vorbeikamen, manchmal jemand zu seinem Begleiter, dem die Augen fast aus dem Kopf fielen, sagte: »Siehst du, ich hab's dir ja gesagt.«

Als sich unser Spaziermuster richtig eingespielt hatte, wurde er (und ich denke, ich auch) abenteuerlustiger.

Mein Schreibpartner heißt David Handler. Wir schreiben die meisten unserer Fernseh- und Filmskripts zusammen; in unserem Geschäft gibt es so viele haifischartige Monster, deren größtes Vergnügen es ist, ihre scharfen Zähne in hilflose Autoren zu schlagen, dass wir, vermutlich fälschlicherweise, annehmen, dass man zu mehreren sicherer ist. David und seine Freundin Diana hatten ein Haus vier oder fünf Blocks nördlich von meinem gemietet. An den Tagen, an denen wir dort arbeiteten, begleitete Norton mich immer. Er kannte den Weg bald genau: mehrere Blocks geradeaus, nach links, dann ganz runter bis zur Bucht. Er kannte ihn sogar so gut, dass er den Ausflug auch allein unternahm. Nicht selten rief David an, wenn Cindy und ich gerade mit den Vorbereitungen für das Abendbrot beschäftigt waren, und berichtete uns, dass Norton gerade für ein paar Stunden zu Besuch gewesen und gerade wieder gegangen sei, sodass ich ihn sicher bald zurückerwarten konnte. Und wirklich, zwanzig Minuten später erklang ein Miauen an der Tür, und eine gewisse herumstreunende Katze machte mehr als deutlich, dass sie sehr gerne eine Dose Hühnchenstücke mit Käse essen würde, und zwar *jetzt sofort*.

Ich begriff sehr schnell, dass ich mir niemals Sorgen machen musste, Norton irgendwo unterwegs zu verlieren, ganz egal, wie weit wir reisten. Wenn wir über den Central Walk – den holprig gepflasterten Weg, der mehrere Kilometer durch das Zentrum der Insel führte – zu Davids Haus gingen, wurde Norton immer wieder abgelenkt, erschreckt oder übermütig. Wenn ein Eichhörnchen seinen Weg kreuzte, jagte Norton ihm nach, manchmal in die Büsche, manchmal unter das Haus von jemandem, manchmal einen Baum hinauf. Wenn ein Hund beschloss, sich wie ein Hund zu benehmen und zu bellen oder zu knurren, war Norton sofort weg. Das Gleiche passierte auch, wenn ein Fahrrad zu dicht an ihm vorbeifuhr. Zuerst wartete ich einfach ungeduldig darauf, dass er wieder auftauchte, was manchmal bis zu fünfzehn Minuten dauern konnte, oder ich verbrachte die gleiche Zeit damit, herumzukriechen und nach ihm zu suchen und ihn einzufangen. Einmal hatte ich es besonders eilig. David und ich erwarteten einen Anruf von einem Produzenten aus L. A., der offenbar dachte, dass er uns auch genauso gut am Telefon als persönlich fertigmachen konnte. Also ließ ich Norton unter der Veranda eines Hauses, unter die er gelaufen war, zurück. Ich nahm mit David zusammen den Anruf entgegen und verbrachte eine Dreiviertelstunde damit, die komplizierten Handlungsfäden einer superrealistischen Sitcom-Episode (in der es um einen College-Studenten ging, der jedes Mal Ausschlag bekam, wenn das Mädchen seiner Träume ihn küsste) zu glätten, dann überredete ich David, mit mir zusammen nach meinem Kätzchen zu suchen. Wir gingen zu der Stelle, wo ich ihn zuletzt gesehen hatte, ich rief seinen Namen, und *Presto*, da war Norton, trat hinaus ins Sonnenlicht und folgte uns zufrieden zurück zu Davids Haus, wo er den Rest des Nachmittags im hohen Schilf am Wasser spielte.

Es war bald klar, dass ich Norton überall und für unbestimmte Zeit zurücklassen konnte. Selbst wenn wir ihn gar nicht mitnehmen wollten, folgte er Cindy und mir oft, wenn wir das Haus verließen. Wenn wir bei irgendjemandem zum Essen eingeladen waren, blieb er bei uns, bis ihm langweilig wurde. Dann miaute er laut genug, dass er sicher sein konnte, dass ich mich umdrehte und sah, wo er sich gerade befand. Anschließend sprang er weg, um sich allein zu amüsieren. Stunden später, nach Dessert und Kaffee, ging ich zu der Stelle, rief seinen Namen, und mit einem seiner *Brrrrmiauuus* war er bereit für den Heimweg.

Norton gefiel die Kombination aus seiner Freiheit und meiner Gesellschaft offensichtlich genauso gut wie mir. Bald erreichten wir den Punkt, wo es für mich kaum noch nötig war, Norton in seine Schulter-Tragetasche zu stecken. Er wollte stattdessen lieber selbst laufen. Wenn wir von meiner Wohnung nach Fire Island aufbrachen, dann sprang er immer direkt in die Tasche, weil selbst für Norton ein Spaziergang auf einem vollen Bürgersteig in Manhattan ein bisschen zu aufregend war. Dann, wenn Tommy's Taxi am Fähranleger ankam, ging er auch wieder freiwillig von meinem Schoß oder meiner Schulter zurück in die Tasche – dort waren zu viele Fußgänger und Autos unterwegs, und es herrschte außerdem eine generell hysterische Atmosphäre, erzeugt von den Horden von Städtern, die es viel zu eilig hatten, kalte Daiquiris zu trinken, sich Hautkrebs zu holen und Telefonnummern mit Mitgliedern des anderen Geschlechts auszutauschen, die entweder bereits ein Zwei-Zimmer-Apartment in einem Gebäude mit Türsteher besaßen oder so aussahen, als wenn sie es sich bald leisten könnten.

Aber sobald die Fähre über die Bucht fuhr, war es mit der Tasche vorbei. Dann war Norton wieder allein unterwegs.

Sobald wir saßen, sprang er aus der Tasche entweder auf meinen Schoß, oder er stellte sich gegen die Reling und beobachtete die faszinierenden Bewegungen der Wellen. Sobald wir angelegt hatten, rannte er sofort zur Tür und sprang auf die Holzplanken des Docks. Er wartete ungeduldig darauf, dass Cindy und ich uns durch die Menge quälten (warum New Yorker sich schon fünf Minuten vor dem Anlegen an die Tür stellen – auf einem Schiff! Von dem man gar nicht runterkann, weil es noch auf dem Wasser ist! – und dann drängeln und schieben, damit sie an einen Ort kommen, an dem sie sich *entspannen* wollen, werde ich niemals verstehen). Dann rannte er vor uns her zum Haus, blieb alle paar Meter stehen, um sich zu vergewissern, dass wir ihm folgten. Wenn er hungrig war, dann kam er mit rein, um schnell etwas herunterzuschlingen, aber danach miaute er oder kratzte an der Fliegengittertür, bis wir ihn rausließen. Mir gefiel der Gedanke nicht, dass er die ganze Nacht draußen blieb – okay, okay, dann benahm ich mich eben ein bisschen wie James Deans Vater in ... *denn sie wissen nicht, was sie tun*, ich geb's ja zu – und man muss Norton zugutehalten, dass er immer wieder reinkam, wenn ich ins Bett ging. Selbst nachdem er die große weite Welt kennengelernt hatte, änderte er unser Schlafmuster nicht.

Sonntagabends oder montagmorgens, wenn es Zeit wurde, wieder in den Betondschungel zurückzukehren, ging er mit uns zur Fähre, blieb stehen, wenn wir den Anleger erreichten, sprang dort in die Tasche und ließ sich von mir tragen, bis wir auf dem Schiff saßen.

Je einfacher es wurde, mit ihm zu reisen, desto stärker wuchs mein Vertrauen in ihn.

Am Fähranleger befand sich ein großartiges, etwas heruntergekommenes Restaurant, Porky's, von dessen köstlichen frittierten Venusmuscheln schon einmal die Rede war. Porky's hatte ein Fenster, wo alles zum Mitnehmen verkauft wurde, und ich gewöhnte es mir bald an, Nortons Tasche – mit Norton darin – auf einer der Bänke am Schiff stehen zu lassen, während ich mir etwas kaufte, bevor wir an Bord gingen. (Ich empfehle den warmen, selbstgemachten Blaubeer-Muffin, den man mit einer langhalsigen Flasche eiskaltem Budweiser runterspülen sollte.) Ich war nie lange weg, vielleicht zehn Minuten, aber in dieser Zeit versammelte sich normalerweise eine kleine Menschenmenge um die graue Katze mit den gefalteten Ohren, die lässig oben auf ihrer Tasche lag und schlief oder irgendwelche interessanten Mitpassagiere musterte.

Er war sehr entspannt und ausgesprochen gehorsam, wenn ich ihm sagte, dass er sitzen bleiben sollte. Als später neue Transportarten hinzukamen und der Radius seiner Reisen sich erweiterte, konnte ich ihn für gute zwanzig Minuten in Flughafen-Lounges zurücklassen, während ich mir eine Zeitschrift kaufte oder Meilenprämien einlöste, und auch in Restaurants blieb er auf seinem eigenen Stuhl sitzen, während ich friedlich mein Essen zu mir nahm.

Eine meiner größten Leistungen, die zu einem von Nortons ganz großen Momenten führte, war es, ihn dazu zu bringen, am Strand zu laufen. Aus irgendeinem Grund mögen Katzen keinen Sand. Vielleicht ist er zu heiß für ihre weichen Tatzen; vielleicht macht ihnen das Wasser Angst; vielleicht stoßen die zahllosen »Life's a Beach«-Shirts, Sonnenschirme und Handtücher sie ab. Jedenfalls war Norton in dieser Hinsicht keine Ausnahme.

So lief Norton über die Promenade in Richtung Strand: Er stolzierte keck mit einem selbstsicheren Ausdruck in den Augen daher und sah aus wie jemand, der gerade durch die Stadt gegangen war, mit dem Finger auf einen Nachbarn gezeigt und so etwas gesagt hatte wie: »Hey, Bill, wir haben dich gestern bei der Gemeinderatssitzung vermisst.«

Und so verhielt er sich, wenn ich ihn *mitten auf den Strand* setzte: Er kauerte sich zusammen, zitterte, rannte so weit von den Wellen weg, wie er konnte, und blieb ängstlich in der Nähe der Dünen. *Norton war feige!*

Ich beschloss, dass dieses Verhalten nicht hinnehmbar war.

Wenn ein Kind Reitstunden nimmt und vom Pferd fällt, was bekommt es dann als Erstes zu hören? *Steig wieder rauf.* Ich wusste, dass ich Norton niemals auf ein Pferd bekommen würde – na ja, man soll ja niemals nie sagen –, aber ich sah keinen Grund, warum er dem Sand fernbleiben sollte.

Zu meiner Verteidigung muss ich an dieser Stelle ausdrücklich betonen, dass ich nicht zu diesen ehrgeizigen Eltern gehöre, die ihre Kinder unbedingt im Rampenlicht sehen wollen. Obwohl Norton eine Katze mit echten Showqualitäten ist, würde ich ihn niemals zur Schau stellen oder versuchen, ihm irgendwelche Tricks beizubringen. So etwas macht man für *andere* Leute. Das hier war etwas für ihn und mich. Er würde es *genießen*, durch neue Gegenden zu streifen und sie zu erkunden. Warum sollte er sich selbst die Freude nehmen, sich am Wasser mit ein paar Strandhäschen zu amüsieren? Lassen Sie mich abschließend noch sagen, dass ich mich damals wie heute sehr wie der Vater eines Neunjährigen fühlte, der den armen Kerl zwingt, Klavierstunden zu nehmen, und allen versichert: »Glauben Sie mir, wenn er älter ist, wird er mir dafür dankbar sein.«

Die ersten paar Male, in denen ich Norton auf den Sand setzte, war er sofort verschwunden, sobald seine Pfoten den Boden berührten, rannte zurück auf den sicheren Beton der Straße. Die nächsten Male setzte ich ihn runter und hielt ihn fest, ließ ihn sich an das Gefühl gewöhnen. Er wehrte sich nicht und wirkte auch nicht besonders unglücklich. Als ich ihn losließ, zögerte er, vielleicht weil ihm klar wurde, dass diese ganze Strand-Sache doch nicht so schrecklich war, wie er angenommen hatte –

und wie ihm von mir schon mehrfach versichert worden war –, aber dann kauerte er sich zusammen und schlich zurück auf festen Boden. Er rannte nicht wirklich, aber er blieb auch nicht stehen und genoss die Aussicht.

Danach wurde es einfacher. Sein Instinkt riet ihm, mir zu folgen. Ich hatte ihn noch nie in die Irre geführt; es gab keinen Grund für ihn zu glauben, dass ich jetzt damit anfangen würde.

Innerhalb einer Woche ging Norton tatsächlich über den Strand, die üblichen anderthalb Meter hinter mir her. Er miaute dabei sehr viel lauter als sonst, aber er war da. Er ging nicht bis ganz zum Wasser hinunter, aber er schaffte die Hälfte der Strecke, wartete, während Cindy und ich ein Handtuch ausbreiteten, auf das wir uns legten, und blieb dann ungefähr eine halbe Stunde bei uns, vor allem, wenn wir unser Picknick mit ihm teilten. Ich glaube immer noch, dass er noch mehr Zeit dort verbracht hätte, wenn nicht ständig das *Klack-Klack-Klack* der Kadima-Bälle zu hören gewesen wäre.

Eines Tages gegen Ende August waren Cindy und ich zu einer Grillparty in Seaview, einer der anderen Strandgemeinden, eingeladen. Eine von Cindys Freundinnen hatte dort einen »Hausteil«, wobei ein »Hausteil« bedeutete, dass sich sechs Leute die Miete für ein Haus mit drei Schlafzimmern teilten und sich so komplizierte Pläne wie abwechselnde Nutzung an den Wochenenden und die genaue Aufteilung der Essenskosten ausdachten, wobei derjenige mit dem größten Zimmer oder derjenige, der Meerblick hatte, oder derjenige, der dem Kühlschrank am nächsten wohnte, mehr bezahlen musste.

An diesem besonderen Wochenende waren alle »Anteilseigner« in das Haus gepfercht, weil der alljährliche

Seaview Clam Bake stattfand. Jedes Jahr brachten alle Einwohner der kleinen Gemeinde Essen und Trinken mit an den Strand – Muscheln, Hummer, Burger, Hot Dogs, Bierfässer, Schüsseln mit Margarita –, hoben Gruben für das Grillen und Kochen aus, grillten, tranken und hatten generell Spaß. Das ging den ganzen Tag und einen guten Teil der Nacht so. Normalerweise gab es Musik und Volleyballspiele und Dreibein-Wettläufe und so etwas; alles in allem war es die vermutlich beste Art, einen 32 Grad heißen Tag mitten im New Yorker Sommer zu verbringen.

Cindy ging früher hin, um bei den Vorbereitungen zu helfen. Sie wollte gerne mal an den Festlichkeiten von Anfang an beteiligt sein. Sosehr ich die Seaview-Party auch immer genoss, lautete meine antisoziale Theorie über große Menschenansammlungen dagegen schon immer: »Weniger ist mehr.«

Ich beschäftigte mich bis zum späten Vormittag im Haus, arbeitete ein bisschen und brachte, da Cindy nicht da war, meine Rotisserie-League-Statistiken auf den neuesten Stand. Die Rotisserie League – für diejenigen unter Ihnen, die noch im Baseball-Mittelalter leben – nennt man gelegentlich auch Fantasy-Baseball. Das Spiel hat die ganze Nation erfasst – *USA Today* schätzt, dass es inzwischen mehr als 750 000 Menschen spielen –, und ich bin stolz darauf, von mir sagen zu können, dass ich einer der Gründer der ursprünglichen Liga bin. Der Sinn des Spiels ist einfach, doch immens befriedigend. Man stellt auf einer Auktion ein eigenes Team zusammen und bietet dabei gegen neun oder elf andere »Besitzer«, abhängig davon, ob man in der National League oder der American League spielt. Der Aufbau eines Teams ist genau vorgeschrieben: zwei Fänger, drei Vordermänner, fünf Feldspieler, neun Werfer und so weiter. Wenn man

Darryl Strawberry kauft – wovon ich dringend abraten würde! – und er landet für die Dodgers einen Homerun, dann schlägt er gleichzeitig auch einen für das entsprechende Rotisserie-Team. Weil ich total verrückt nach diesem Spiel bin, besitze ich zwei Teams, was es fast unmöglich macht, während der Sommermonate zu arbeiten. Mein American-League-Team heißt Gethers YeRosebuds, mein National-League-Team sind die Smoked Fish. Ich brachte meine Statistiken gerne auf den neuesten Stand, wenn Cindy nicht da war, weil sie es für ziemlich beängstigend hielt, dass ein eigentlich recht intelligenter Mensch zwei ganze Stunden täglich damit verbringen konnte, die Schläge und Läufe pro Inning zusammenzuzählen, die Leute sich auf Plätzen wie dem Memorial Stadium und Chavez Ravine erkämpften.

Zufrieden darüber, dass die Rosenknospen sich immer weiter emporreckten, und ein bisschen deprimiert darüber, dass die Fische immer tiefer abtauchten, beschloss ich, dass es Zeit wurde, zur Seaview-Party zu gehen.

Norton sonnte sich faul auf der Veranda, als ich vor die Tür trat. Seine halben Ohren zuckten neugierig, als ich an ihm vorbeiging. Ich glaube, er fragte sich, warum jemand einen so perfekten Ort verlassen wollte.

»Wie sieht's aus?«, fragte ich ihn. »Hast du Lust auf einen Spaziergang?«

Seaview war ungefähr drei Kilometer von unserem Haus in Fair Harbor entfernt. Auf direktem Weg konnte man es nur zu Fuß über den Strand erreichen. Norton war noch nie mehr als zehn Meter über Sand gelaufen. Das Ganze konnte also durchaus in einer Katastrophe enden. Aber ich war sicher, dass Norton das Grillen bestimmt gefallen würde, wenn er erst dort war. Es schien einen Versuch wert.

Mein vierbeiniger Kumpel war bereit, es darauf ankommen zu lassen. Er erhob sich aus seiner ausgestreckten Position und trottete hinter mir her. Als es einen halben Block später Zeit wurde, runter zum Strand zu gehen, miaute er laut.

»Komm schon«, lockte ich ihn sanft. »Was hast du schon zu verlieren?«

Allein hätte ich es bestimmt in ungefähr fünfundzwanzig Minuten bis zur Party geschafft. Mit Norton brauchte ich fünfunddreißig. Er verhielt sich vorbildlich – wurde nie langsamer, ließ sich nicht ablenken, hielt immer hinter mir Schritt, wenn er nicht sogar ausgelassen vor mir herlief. Er miaute ein bisschen mehr als sonst, aber er schien sich nicht zu beklagen. Er war wohl nur ein bisschen geschwätzig.

Um den Strand von Seaview zu erreichen, muss man einen kleinen Hügel hinaufklettern. Wenn man oben ist, steht man auf einer Düne und kann den gesamten Strand der Gemeinde überblicken. Es ist nicht der Grand Canyon oder so, aber es ist ein ziemlich schöner Anblick, vor allem an einem Tag, wenn mehrere Hundert Leute glücklich grillen und essen und miteinander spielen.

Ich kletterte hinauf, stand einen Moment da, genoss die Aussicht und entdeckte Cindy. Sie winkte; ich winkte zurück. Ich drehte den Kopf, um nach dem Laufwunder zu sehen, und sagte dann: »Na los, tun wir's.«

Norton miaute einmal und folgte mir. Den Hügel hinunter in die lachende Horde. Innerhalb von Momenten verstummte die lauteste Veranstaltung der Saison. Ein Kopf nach dem anderen drehte sich nach uns um, die Leute hörten auf zu essen, die Musik verstummte. Die weltgewandten Fire Islander hatten schon frisbeespielende Hunde in ihrer Mitte gesehen. Sie hatten einen Klammeraffen gesehen, der mit Eimer und Schaufel Löcher in den Sand grub. Sie hatten sogar einmal ein weibliches Mitglied der Single-orientierten Kismet-Gemeinde gesehen, das *kein* Fußkettchen trug. Aber sie starrten alle auf das Kätzchen, das über das sandige Ufer gelaufen war, um mit ihnen zu feiern.

»Wo kommen Sie her?«, fragte die erste Person, an der wir vorbeikamen.

»Aus Fair Harbor«, erklärte ich ihm.

»Ihre Katze ist drei Kilometer mit Ihnen bis hierher gelaufen?«

Ich nickte. Als ich Cindy und ihre Freunde erreichte, nickte ich wie ein Wahnsinniger, mein Kopf wippte auf und ab, und ich wiederholte die immer gleichen Sätze. »Ja, macht er immer … Scottish Fold. Sehen Sie die Ohren? … Norton … Drei Kilometer … Fair Harbor … Jap … Sehen Sie die Ohren?«

Irgendwann kehrte wieder Normalität auf der Party ein. Die Band spielte wieder, die Backgammon-Spiele wurden fortgesetzt, Shrimps weiter aufgespießt. Norton wollte, nachdem er etwas gegrillten Thunfisch probiert hatte, im Gras spielen gehen, wo er nicht mehr auf Sand war. Ich begleitete ihn zu den Stufen, die vom Strand wegführten, und erklärte ihm, dass ich ihn in ein paar Stunden wieder abholen würde. Ich hob ihn hoch, küsste ihn oben auf den Kopf, dann sah ich zu, wie er verschwand, und wusste, dass er auf mich warten würde, wenn es Zeit wurde, nach Hause zu gehen.

5. Kapitel

Die Katze, die nach
Kalifornien flog

Mein Vermieter auf Fire Island war so nett, unsere Sommersaison bis Ende September zu verlängern. Aber am Labor-Day-Wochenende traf es mich wie ein Keulenschlag: Was sollte ich mit Norton tun, wenn ich kein Sommerhaus mehr hatte, wo er den ganzen Tag nach Herzenslust draußen spielen konnte? Wie würde er darauf reagieren, wieder eine Wohnungskatze zu sein? Noch dazu – da ich gerade erfahren hatte, dass New Yorker Katzen besonders häufig durch tödliche Stürze aus Wohnungsfenstern ums Leben kamen – eine Wohnungskatze, deren Dad die Fenster niemals wieder auch nur einen Spalt breit öffnen würde.

Am 1. Oktober war mir noch keine clevere Lösung eingefallen. Nortons Reisen beschränkten sich jetzt auf Ausflüge zwischen Cindys und meiner Wohnung. Wenn sie bei mir übernachtete, kam Marlowe mit. Bei mir fühlte er sich sehr wohl, also schien es nur richtig, dass Norton auch ihr Hausgast war, wenn ich bei Cindy schlief.

Ich fing an, geschäftlich bedingt wieder mehr zu reisen. (Ich sollte vermutlich erklären, dass das mit dem Reisen kompliziert war, weil meine Arbeit sehr kompliziert ist – und vielleicht ist »verwirrend« der passendere Ausdruck, denn eigentlich habe ich nicht nur einen Job, ich habe mehrere, von denen keiner wirklich viel Sinn macht.

Ein Teil von mir führt einen Verlag. Dieser Teil erlaubt mir, waschechte, erwachsene finanzielle Entscheidungen zu treffen, interessante Leute zu treffen, von denen ich glaube, dass sie vielleicht ein Buch schreiben möchten, und mit sehr talentierten und sehr temperamentvollen Autoren und Persönlichkeiten zu arbeiten. Ein anderer Teil von mir schreibt und produziert Drehbücher für Film und Fernsehen. Dieser Teil erlaubt mir, eine Sonnenbrille zu tragen und Schauspieler zu hassen und mich wirklich aufzuregen, wenn Produzenten Sachen sagen wie »Ich liebe es! Das ist perfekt! Und mach dir keine Sorgen, ich weiß genau, wie wir das hinkriegen!« – was tatsächlich von dem leitenden Produzenten einer TV-Serie gesagt *wurde*, an der ich mitgearbeitet habe. Der dritte und letzte Teil von mir – wahrscheinlich mein Lieblingsteil – schreibt Bücher. Dies ist der Teil, der mir erlaubt, allein in einem Zimmer zu sitzen und mich selbst zu kasteien in dem Versuch, mir Figuren und Handlungen auszudenken, die die meisten Leute niemals lesen oder von denen sie hören werden. Er gibt mir auch die Möglichkeit, in ansonsten völlig sinnentleerten Dingen einen Sinn zu finden. Diese Jobs passen alle nicht wirklich zusammen, und ich wollte im Grunde nie ein zwanghafter Workaholic werden – aber irgendwie ist es passiert, und irgendwie gefällt es mir.) Für meinen Verlagsjob – ich half zu diesem Zeitpunkt gerade dabei, einen neuen, kleineren Verlag innerhalb des großen und immer noch wachsenden Random-House-Komplexes zu gründen – musste ich zu Vertretertagungen hier und dort, musste nach San Francisco fliegen, um dort Agenten zu treffen, mich kurz mit einer Autorin zusammensetzen, um sicherzustellen, dass sie sich geliebt und wertgeschätzt fühlte. Meine Karriere als Autor hielt mich in Atem und auf der Straße. Wenn man in New York lebt und für Hollywood schreibt, dann muss man den Fernsehsendern und Studios ständig beweisen, dass sie sich keine Sorgen darüber zu machen brauchen, dass man fünftausend Kilometer von den Leuten weg wohnt, die einen bezahlen – und die einem normalerweise viel zu viel Geld für Skripts zahlen, die niemals realisiert werden. Der einzige Beweis ist Sichtbarkeit, was für meinen Partner David und mich bedeutete, dass wir uns ziemlich regelmäßig ins Flugzeug setzen und uns in der Stadt sehen lassen mussten.

Norton und Marlowe waren gute Kumpel; deshalb war es nie ein Problem, wenn ich kurzfristig wegmusste: Cindy nahm ihn solange. Sie war genauso verrückt nach meinem kleinen Kerl wie ich nach ihrem, und sie genoss es, wenn die beiden Katzen drei oder vier Tage am Stück miteinander spielen und zusammen sein konnten. Die drei hatten viel Spaß, während ich weg war.

Alles schien perfekt, bis dieses angenehme und einfache Arrangement sich gezwungenermaßen änderte. Cindy gestand mir, dass sie ein bisschen zu viel Spaß gehabt hatte, während ich weg war.

Wir führten eine merkwürdige Beziehung, Cindy und ich. Bei mir war es Liebe auf den ersten Blick gewesen, als ich sie sah, während sie mich sofort hasste. Sie fand, ich sei arrogant und egoistisch und würde mir viel zu viel Baseball ansehen. Aber ich war beharrlich – schrieb ihr, schickte Blumen, rief sie an, tat alles, außer weniger Baseball anzusehen –, und schließlich gewann ich ihr Herz. Wir hätten nicht verschiedener sein können. Sie war misstrauisch, was Beziehungen anging, wollte sich eigentlich nicht binden und war ganz sicher, dass sie in dem Moment, in dem sie sich entspannte und unsere besondere Beziehung für dauerhaft hielt, irreparabel verletzt werden würde. Obwohl ich nicht an dauerhafte Beziehungen glaubte und auch überhaupt kein Interesse daran hatte, war ich ein hoffnungsloser Romantiker und immer sofort bereit, mich Hals über Kopf auf jemanden einzulassen, um dann von dem ersten Schlag ausgeknockt zu werden, den man mir versetzte. Sie war sehr sparsam und hielt es für eine Sünde, sich einen Wunsch sofort zu erfüllen oder Sachen zu kaufen, die der eigenen Bequemlichkeit dienten. Ich gab mein Geld gerne sofort aus, nachdem ich es bekommen hatte – und nur für Dinge, die mir das Leben möglichst angenehm machten. Sie hielt sich selbst für einen schrecklichen Menschen – was sie ganz sicher nicht war –, ich dagegen konnte mir nicht vorstellen, dass es irgendwo noch einen besseren, netteren Kerl als mich gab. Sie war die ganze Zeit deprimiert; ich war fast immer glücklich. Ihr war immer kalt; mir immer heiß. Sie fand es wichtig, ernsthaft zu sein – dass wir in schlimmen Zeiten lebten und nur ernsthafte Gedanken und ernsthaftes Verhalten sie besser machen konnten. Ich gehörte der *Sullivan's Reisen*-Schule des verhaltensorientierten Denkens an – die Zeiten *waren* schlimm, deshalb sollte man lachen und nach der amüsanten Seite der Dinge suchen. Sie suchte nach dem Sinn. Ich hoffte, dass ich *niemals* in irgendetwas einen Sinn entdecken würde – denn dann würde ich in schlimmen Schwierigkeiten stecken.

Was uns zusammenbrachte, war die Tatsache, dass wir *eine* Sache gemeinsam hatten – wir wollten beide unabhängig bleiben. Das Einzige, auf das wir uns einigen konnten, war, dass wir nicht an die normale, altmodische, monogame Beziehung glaubten. Wir glaubten nicht an die Ehe. Die Leute sollten zusammen sein, weil sie zusammen sein *wollten* – nicht wegen eines Stück Papiers, auf dem stand, dass sie sich vor dem Gesetz an jemanden gebunden hatten. Wir wollten frei sein, ohne Zwänge. Wenn uns danach war, den Samstagsabend miteinander zu verbringen, okay. Wenn nicht, auch okay. Kein Problem. Verpflichtungen gab es keine.

Wir sagten nie wirklich die Worte: »Ich liebe dich«. Wir tanzten mit geschickten Umschreibungen wie »Ich liebe es wirklich, mit dir zusammen zu sein« und »Ich liebe es, dass wir nicht ›Ich liebe dich‹ sagen müssen und trotzdem wissen, was wir füreinander empfinden« darum herum, aber als uns dann klar wurde, dass wir uns wirklich sehr mochten und wirklich keine altmodische Beziehung führen mussten, wo wir uns jeden Samstagabend trafen, fingen wir an, eine sehr nette, altmodische Beziehung zu führen, wo wir uns jeden Samstagabend trafen und uns wirklich nett umeinander kümmerten. Keiner von uns wollte jemals mehr daraus werden lassen. In der Rückschau scheint offensichtlich, dass weder Cindy noch ich das Wesen einer Beziehung wirklich verstanden hatten. Obwohl ich mich, wie mir jetzt klar ist, bereits mitten im Lernprozess befand. Allerdings nicht mit Cindy.

Gegen Ende jenes Sommers verbrachten Cindy und ich weniger Zeit miteinander als sonst, aber ich schob das auf Cindys neuen Job und die Tatsache, dass sie lange und hart arbeiten musste. Wie sich herausstellte, hätte ich es auf die Tatsache schieben sollen, dass sie sich in ihren Arzt verliebt hatte.

Sie hatte irgendwann im Frühjahr zu ihm gewechselt. Ich erinnerte mich daran, dass sie erwähnt hatte, wie großartig er war – und wie süß. Ich erinnerte mich auch daran, dass sie ungefähr um den 4. Juli anfing, Dinge zu sagen wie: »Weißt du, du solltest wirklich kein Popcorn essen. Davon kriegt man Verstopfung« und »Wusstest du, dass im Jahr 2020 jeder Arzt ungefähr eine Million Dollar für seine medizinische Ausbildung ausgegeben haben wird? Macht es dich nicht wütend, dass die Leute Ärzte für selbstsüchtig und gefühllos halten, wo sie so viel riskieren für das, was sie tun?«

Ich sagte dann normalerweise »Oh ja?« oder »*Was?*« und dachte dann nicht weiter darüber nach. Aber ich dachte sehr viel darüber nach, als sie mir sagte, dass sie mich für den Arzt verlassen wollte. Vor allem, weil sie es mir sagte, nachdem ich sie nach England eingeladen hatte – die Woche Urlaub sollte ihr Geburtstagsgeschenk sein.

»Ich kann einfach nicht länger mit einer Lüge leben«, erklärte mir Cindy.

Ich stimmte ihr sofort zu, dass sie nicht mit einer Lüge leben sollte, obwohl ich wünschte, sie hätte damit gewartet, bis wir in ein paar kleinen Bauernhof-Pensionen in Devon gewesen waren. Sie wollte auch, dass ich ihr zustimmte, wie traurig es war, dass es zwischen uns nicht geklappt hatte. Es gelang mir zu sagen, dass ich fand, dass es zwischen uns funktioniert *hatte*.

»Nein«, meinte Cindy. »Ich weiß nicht, ob du zu der Art von Gefühlen fähig bist, die ich brauche.«

»Du meinst die Art von Gefühlen, bei denen es in Ordnung ist, jemanden zu verlassen, der unglaublich nette Dinge für dich tut, wie zum Beispiel, mit dir nach England zu fahren?«

»Nein, ich meine, ganz in der Liebe aufzugehen. Du bist ein Beobachter«, erläuterte sie mir. »Ich weiß nicht, ob du wirklich am Leben teilnimmst.«

Das ließ mich stutzen. Ich hatte mich immer für einen erfolgreichen Teilnehmer gehalten. Zugegeben, meine Auffassung von Spaß war, zum 62. Mal *Die Faust im Nacken* zu sehen und dann die Sports Line anzurufen, um zu erfahren, wie die Mets gespielt hatten, aber in Sachen Lebenserfahrungen hätte ich es mit jedem aufnehmen können.

»Oh, du nimmst daran teil«, sagte Cindy jetzt, »aber du hältst dich zurück. Es ist, als wartetest du auf etwas.«

»Auf was?«

»Ich weiß es nicht. Auf etwas Besseres. Etwas *Anderes*. Etwas, das du nicht hast. Und du hältst dein wahres Ich zurück, bis du es findest.«

»Das hier *ist* mein wahres Ich«, versuchte ich ihr zu erklären. »Du magst es vielleicht nicht so sehr wie Dr. Polaros wahres Ich, aber es ist meins.«

»Du verstehst das nicht«, meinte sie. Und da musste ich ihr zustimmen. Ich hatte geglaubt, Cindy und ich wären auf der gleichen Wellenlänge. Ich hatte gedacht, wir würden einander das geben, was wir beide brauchten. Ich hatte gedacht, dass zwischen uns ein Band der Ehrlichkeit und des Vertrauens existierte. Ich hatte gedacht, wir hätten endlich eine angenehme Stufe in unserer Beziehung erreicht, eine, die Männer und Frauen nur sehr schwer erreichen konnten, ohne in einem Altersheim zu sein. Offensichtlich hatte ich mich da getäuscht.

Ich blieb nicht mehr lange. Erstens war ich wirklich schrecklich traurig. Und zweitens war ich angesichts des Ereignisses ziemlich sicher, dass Dr. Polaros wahres Ich bald vorbeikommen würde, und ich war nicht wirklich scharf drauf, dabei zu sein, wenn das passierte.

Es war nicht einfach, Cindy Lebewohl zu sagen. Auf eine komische Art war es sogar noch schwerer, mich von Marlowe zu verabschieden. Ich hatte den kleinen Kerl wirklich ins Herz geschlossen. Und Cindy konnte ich wenigstens ein bisschen hassen. Ich wusste, dass das nicht lange anhalten würde, aber es tröstete mich im Moment.

Ich hatte aber keinen Grund, Marlowe zu hassen. Er hatte nie etwas getan als mich zum Lachen zu bringen und dafür zu sorgen, dass ich gute Laune hatte. Mir war es an unserem vorletzten Wochenende auf Fire Island sogar gelungen, ihn dazu zu überreden, einen kurzen Spaziergang mit Norton und mir zu unternehmen. Er schaffte es fast bis zum Supermarkt. Jetzt hob ich ihn hoch und kraulte ihm die spitzen, geraden Ohren. »Du kannst jederzeit vorbeikommen«, versicherte ich ihm.

Norton war überrascht, dass wir so schnell wieder gingen. Nachdem ich ihn zu Cindy gebracht hatte, erwartete er eigentlich, über Nacht zu bleiben. Er miaute ein wenig verärgert, als ich ihn zurück in seine Tasche hob. Cindy streichelte ihn nicht, und sie verabschiedete sich auch nicht von ihm. Tatsächlich sah sie ihn nicht mal an. Ich glaube, sie hatte ein zu schlechtes Gewissen. Oder vielleicht dachte sie, dass sein wahres Ich sie vielleicht fragen würde, was zur Hölle sie sich eigentlich dabei dachte, uns für einen Kerl zu verlassen, der kein Popcorn aß.

Das Letzte, was Cindy zu mir sagte, war: »Du wirst nicht lange traurig sein. Du liebst mich nicht wirklich. Du weißt nicht, was Liebe ist.«

Während der nächsten Wochen ging es uns ziemlich schlecht. Ich fühlte mich komisch, wenn ich mir *Die Faust im Nacken* samstags abends allein ansah, und Norton verstand nicht, warum (1) er die Wohnung *gar nicht mehr* verließ, nicht einmal für Besuche bei Cindy, und (2) warum ihm, wenn er schon nicht rauskonnte, nicht wenigstens sein Freund Marlowe Gesellschaft leistete.

Die meiste Zeit arbeitete ich und bemitleidete mich selbst. Kleine Dinge spendeten mir Trost: Ich erinnerte mich, dass Cindy mir tatsächlich einmal gesagt hatte, sie fände das Ende von *Die Faust im Nacken* blöd – dass Brando sich den Männern nicht hätte stellen sollen, indem er wieder zur Arbeit ging; damit habe er riskiert, schwer verletzt zu werden (und das war *vor* dem Arzt). Ich erinnerte mich daran, dass sie gerne den Titelsong von »Drei Mädchen und drei Jungen« sang, wenn sie kochte. Und mir wurde endlich klar, dass ich jetzt nach Herzenslust überall mit dem Taxi hinfahren konnte, ohne dass mir jemand das Gefühl gab, persönlich für den Hunger in Pakistan verantwortlich zu sein. Tatsächlich gelang es mir schon nach einem Tag, eine Liste mit Dingen zu schreiben, die mich an ihr gestört hatten, und irgendwie vergaß ich darüber, noch mal zu ihr zu gehen und sie um eine zweite Chance zu bitten.

Zum Glück für meinen Geisteszustand (und dem Geisteszustand aller um mich herum) hielten mich die Vorbereitungen für eine einwöchige Reise nach Kalifornien in Atem. Ich beschäftigte mich damit, Termine zu machen, überlegte mir, was ich tun und sagen würde … erst drei Tage vor meiner Abreise wurde mir klar, dass ich auch etwas wegen Norton unternehmen musste.

Zuerst wollte ich Cindy anrufen und sie fragen, ob sie ihn immer noch nehmen würde. Ich war ziemlich sicher, dass sie das tun würde, aber ich fand irgendwie, dass es nicht richtig gewesen wäre. Mir gefiel die Vorstellung nicht, dass sie dann vielleicht glaubte, dass ich es ohne sie nicht schaffte. Ich hatte auch Visionen, in denen Dr. Polaro, der für mich wie der Serienmörder David Berkowitz aussah, wenn ich versuchte, ihn mir vorzustellen, an Nortons zerbrechlichem und verletzlichem Körper irgendwelche merkwürdigen Operationen vornahm. Also fiel Cindy aus. Ich rief fast jeden an, den ich kannte – und nicht einer von ihnen konnte für eine Woche auf meine Katze aufpassen. Entweder hatten sie selbst eine Katze und waren überzeugt davon, dass es nicht funktionieren würde, oder in ihrem Gebäude waren Tiere streng verboten, oder sie hatten eine Katzenallergie, oder sie waren zu nervös, weil sie wussten, was ich mit ihnen tun würde, wenn Norton in ihrer Obhut irgendetwas passierte. Als ich mein gesamtes Adressbuch durchhatte, blieben mir nur noch zwei Tage, um mir einen Plan zu überlegen.

Ich musste unbedingt nach Kalifornien, weil ich zugesagt hatte, an einer Autorenkonferenz in San Diego teilzunehmen. Ich würde drei Tage lang dort sein, dann für den Rest der Woche nach L. A. fahren und dort arbeiten, Leute besuchen, zu ein paar Meetings gehen und Zeit mit meiner Familie verbringen. Nichts zu Hektisches, nichts zu Förmliches, nichts zu Angsteinflößendes – mit anderen Worten, absolut nichts, zu dem ich eine außergewöhnlich wohlerzogene und angepasste Katze nicht hätte mitnehmen können.

Ich hängte mich sofort ans Telefon. San Diego war völlig unproblematisch. Die Referenten und Teilnehmer der Konferenz waren in einem großen Hotel in der Nähe des Universitätscampus untergebracht. Das Motel hatte nichts dagegen einzuwenden, für ein paar Nächte auch eine Katze zu beherbergen. Plötzlich wusste ich den entspannten südkalifornischen Lebensstil wirklich zu schätzen.

In Los Angeles gestaltete sich das schwieriger. Das Hotel, in dem ich sonst wohnte, wollte nichts davon wissen. Völlig ausgeschlossen. Die nächsten fünf Hotels wollten Norton ebenfalls nicht bei sich zu Gast haben. Aber dann hatte ich Glück.

Gerade erst war ein neues *Vier-Jahreszeiten*-Hotel in

L. A. gebaut worden. Es lag günstig, war nicht zu teuer und sollte ganz toll sein. Es war erst seit einer Woche geöffnet.

»Wie groß ist der Kater?«, wollte man dort wissen.

»Klein«, erklärte ich. »Er ist klein für eine Katze.«

»Wiegt er über vierzig Pfund?«

»Nein. Es ist eine *Katze*, kein *Löwe*. Ich glaube, er wiegt *sechs* Pfund.«

»Krallen?«

»Ja«, sagte ich, dann wurde mir klar, dass ich in dieser Hinsicht das Blaue vom Himmel hätte herunterlügen sollen. »Aber er zerkratzt nie etwas!«, fügte ich sofort hinzu. »Und wenn doch, dann werde ich für den Schaden natürlich aufkommen.« Bei diesen letzten Worten rollte ich die Augen zum Himmel und betete, dass, wenn es einen Gott gab, er dem Innenarchitekten des Vier Jahreszeiten keine Vorliebe für Leinentapeten geschenkt haben möge.

»Ich kläre das schnell mit dem Manager ab. Warten Sie bitte.«

Ich wartete, war ein nervliches Wrack und überlegte mir alle möglichen Argumente, um den Manager davon zu überzeugen, Katzen in den Zimmern zuzulassen. Ich beschloss, dass ich sogar bereit war, ihn probewohnen zu lassen. »Wie wäre es«, sagte ich in meinen Überlegungen, »wenn ich für Norton für eine Nacht ein separates Zimmer miete und ihn eine Stunde lang darin herumlaufen lasse. Dann können Sie sich selbst überzeugen ...«

»Hallo?«

»Ich bin noch da«, sagte ich leise.

»Sie können Ihren Kater gerne mitbringen«, erklärte mir die Empfangsdame. »Würden Sie mir den Namen verraten, damit wir ihn auf die Gästeliste setzen können?«

Das war der erste Moment, in dem mir klar wurde,

dass ich vielleicht ohne Cindy überleben konnte. Wenn ich diese wunderbare Frau am anderen Ende der Leitung heiraten wollte, dann *musste* ich überleben.

Am Tag des Fluges war ich völlig unvorbereitet. Ich hatte keine Ahnung, wie ich mit einer Katze den Flug auf die andere Seite des Landes bewältigen sollte, also musste ich improvisieren. Ich nahm an, dass ich, wenn ich etwas falsch machte, von einem richtig denkenden Airline-Angestellten darauf hingewiesen würde.

Ich flog mit meiner Agentin, Esther Newberg, die ebenfalls auf der Konferenz einen Vortrag halten würde. Esther hatte vor zwei Dingen Angst – vorm Fliegen und vor Katzen. Deshalb stand sie, als ich sie zuhause abholte und sie Norton sah, kurz davor, die ganze Reise abzusagen. Aber Angst Nummer zwei war nicht mehr existent, als wir am Flughafen ankamen. Innerhalb dieser halben Stunde hatte Esther, deren Meinung sonst ungefähr so leicht zu ändern ist wie die von Atilla dem Hunnen, beschlossen, dass Norton das tollste Tier war, das sie jemals gesehen hatte. Sie kam einfach nicht darüber hinweg, dass er während der ganzen Fahrt auf meinem Schoß saß und aus dem Fenster blickte.

»Ich hoffe, das macht er auch im Flugzeug«, sagte ich ihr.

»Was hat er denn sonst im Flugzeug gemacht?«, fragte sie.

Ich beschloss, es ihr nicht zu gestehen. Esther wird schnell nervös.

Als wir den Flughafen betraten, steckte ich Norton in seine Tasche, schob sie über meine Schulter und gab mein Gepäck auf. Am Schalter reichte mir die Frau eine Bordkarte, klebte ein Etikett an meinen Koffer und schickte ihn über das Fließband, dann sah sie Norton direkt in die Augen. Sie lächelte ihn an, sagte nichts und gab mir mein Ticket zurück.

Als Nächstes gingen wir zur Sicherheitskontrolle. Esther kam ohne Probleme durch. Als Norton und ich an der Reihe waren, dachte ich, dass jetzt bestimmt alle Alarmglocken schrillen würden. Aber nein. Ich schätze, diese Dinge reagieren viel sensibler auf Metall und Sprengstoff als auf Fell. Das Einzige, was passierte, war, dass eine Sicherheitsbeamtin Norton über den Kopf streichelte, als er diesen aus der Tasche steckte, um sich umzusehen.

Als wir zum Flugsteig kamen, bezweifelte ich ernsthaft, ob überhaupt irgendjemand irgendetwas dazu sagen würde, dass ich mit einer Katze reiste. Vielleicht war das alles viel normaler, als ich geglaubt hatte.

Beim Boarding schmiegte sich Norton in seine Tasche, als ich der Stewardess mein Ticket gab. Sie sagte nur »Sitz 8C«. Kein Wort über Sie-wissen-schon-wen.

Esther und ich nahmen unsere Plätze ein, Norton hüpfte aus seiner Tasche und legte sich in seiner Lieblingsposition auf meinen Schoß – ausgestreckt über mein überschlagenes Bein, den Kopf auf meinem linken Fuß. Ich holte eine Decke und legte sie über ihn, weil ich dachte, dass ich ihn dann beim Start besser festhalten konnte.

Man zeigte uns einen kurzen Film, der uns darüber informierte, wie der Sicherheitsgurt korrekt geschlossen wurde. (Ehrlich gesagt bin ich ja ein Verfechter der Theorie, dass man, wenn man als erwachsener Mensch nicht in der Lage ist, sich diesen Sicherheitsgurt anzulegen, wahrscheinlich auch nicht in der Lage ist, einen Flug zu buchen und überhaupt zum Flughafen zu kommen und folglich auch nie in der Lage sein wird, diese exzellente cineastische Erfahrung zu machen.) Dann kam die Stewardess vorbei und überprüfte, ob alle den Film verstanden und ihren Sicherheitsgurt richtig angelegt hatten. Sie sah direkt auf meinen Schoß – auf dem die Katze saß –, lächelte, sagte nichts und ging weiter, um sich den nächsten Schoß anzusehen. Immer noch hatte niemand ein Wort über Norton verloren.

Zwei Stunden lang saß Norton da, der perfekte Gentleman, starrte aus dem Fenster, fasziniert davon, wie nah die Wolken waren. Er rührte sich nicht; er sagte keinen Ton. Ich begann mich zu entspannen.

Nach zwei Stunden und einer Minute sagte schließlich jemand zum ersten Mal etwas über die Tatsache, dass eine Katze an Bord war. Es war die Chefstewardess, eine Frau um die vierzig von der gleichen zierlichen Schönheit wie eine Kugelstoßerin und mit dem charmanten Wesen von Schwester Ratched aus *Einer flog über das Kuckucksnest*.

»Sie haben eine Katze dabei!«, schrie sie entsetzt.

Ich sah von meinem Buch auf. Norton wandte den Kopf vom Fenster ab, um zu sehen, wer da so einen Aufstand machte.

»Entfernen Sie die sofort!«, zischte sie.

Ich blickte Esther an, dann wieder die Stewardess.

»Wohin soll ich ihn denn Ihrer Meinung nach bringen?«, fragte ich.

»Das ist mir egal!«, meinte die Frau. »Solange Sie ihn sofort entfernen!«

»Warum machen Sie nicht die Tür auf«, schlug ich vor, »dann werfe ich ihn über Cleveland ab.«

Ich konnte meine ruhige und witzige Reaktion überhaupt nicht genießen, weil die Dinge an diesem Punkt außer Kontrolle gerieten. Der Mann hinter mir stand auf und sagte: »Oh mein Gott! Da ist eine Katze! Ich bin allergisch gegen Katzen! Die Katze muss sofort weg!« Der Typ fing wie ein Wahnsinniger an zu niesen.

»Die Katze sitzt schon seit zwei Stunden hier«, sagte ich und versuchte, im Chaos die Stimme der Vernunft zu sein. »Warum zur Hölle müssen Sie dann *jetzt* niesen?«

Der Typ antwortete mir leider nicht, weil er zu sehr damit beschäftigt war, zu niesen, sich zu schnäuzen, zu husten und sich von seinem Sicherheitsgurt zu befreien, damit er vor den gefürchteten Katzenhaaren fliehen konnte. Ich überlegte, ob ich der Stewardess vorschlagen sollte, einen kurzen Film über das Lösen des Sicherheitsgurts zu zeigen, entschied mich jedoch dagegen.

»Tun Sie die Katze unter den Sitz!«, fuhr mich die Frau an.

»Ich glaube nicht, dass Sie wollen, dass ich das tue«, erklärte ich ihr.

»Haben Sie nicht gehört, was ich gesagt habe?!«

»Doch, das habe ich. Aber wenn Sie mir nur für eine Sekunde zuhören würden ...«

»Tun Sie sie unter den Sitz!!«

Ich nahm Norton – der auf die Krise mit besonders ruhigem und süßem Verhalten reagierte – von meinem Schoß und setzte ihn auf den Boden unter meinem Sitz. Nachdem ich ihm gesagt hatte, dass er »bleiben« sollte, flippte die Stewardess fast aus.

»In seine Box! Setzen Sie ihn in seine Box!«

Ich verabscheue öffentliche Szenen. Ich würde sie auf meiner Liste der unerfreulichsten Erfahrungen irgendwo zwischen »Auf glühenden Kohlen laufen« und »Einen Bette Midler-Film von Anfang bis Ende ansehen« einordnen. Aber langsam stieg Wut in mir hoch.

»Ich *kann* ihn nicht in seine Box setzen. Er *hat* keine

Box. Deshalb habe ich Ihnen ja gesagt, dass Sie nicht wollen, dass ich ihn unter den Sitz tue.«

Die charmante Frau hätte wohl auch nicht anders reagiert, wenn ich gesagt hätte: »Ich habe eine Bombe dabei. Geben Sie mir all Ihr Geld, oder ich mache Konfetti aus diesem Flugzeug.« Was sie anging, war ich der Salman Rushdie der Passagiere und sie der Ayatollah.

»Wie *meinen* Sie das, Sie haben keine Box?«, wollte sie wissen. An diesem Punkt wurde mir klar, dass ich nicht würde verhindern können, dass diese ganze Sache völlig außer Kontrolle geriet, also dachte ich, zur Hölle damit, und beschloss, mir einfach einen Spaß daraus zu machen.

»Sie wissen schon, diese kleinen Käfige, in die man Katzen hineintut? Die, die man unter die Sitze stellen kann? So eine *habe* ich nicht. *Das* habe ich gemeint!«

Ich dachte, es könnte nicht mehr schlimmer werden. Ich irrte mich. Esther beschloss, sich einzumischen.

»Hören Sie«, sagte sie – und wenn Esther »Hören Sie« an den Anfang eines Satzes stellt, dann ist das einzig ähnlich Beängstigende, was mir einfällt, *vielleicht* der Moment, in dem Al Pacino in *Der Pate II* hört, dass Diane Keaton eine Abtreibung hatte –, »eine der anderen Stewardessen hat die Katze vorhin auf seinem Schoß sitzen sehen. Sie schien das nicht für ein Problem zu halten.«

»Stewardess?« Die Frau schäumte jetzt vor Wut. *»Stewardess?!!«*

Esther und ich sahen uns an, nicht sicher, was das Problem war. Esther, stets die energische Agentin, versuchte es noch mal. »Genau. Die andere Stewardess ging vorbei und …«

»Wir sind keine Stewardessen! Wir sind *Flugbegleiterinnen*!«

An die nächsten fünf oder zehn Minuten erinnere ich

mich nur noch verschwommen. Ich weiß noch, dass ich kicherte. Dann erinnere ich mich, dass die Stewardess ... äh ... die Flugbegleiterin mich beschuldigte, Norton an Bord geschmuggelt zu haben. Ich habe eine vage Erinnerung daran, dass ich versuchte, ihr zu erklären, dass sie sich irrte, und dass sie mir sagte, ich würde gegen das Gesetz verstoßen, und dass ich zu ihr meinte, sie könne mich gerne ins Flugzeug-Gefängnis werfen. Ich erinnere mich definitiv daran, dass Esther Norton verteidigte und eine Reihe von Schimpfwörtern losließ, bei denen der Mafiaboss John Gotti rot geworden wäre. Das schien auf die Drachenlady jedoch keinen Eindruck zu machen.

Abgesehen von der Tatsache, dass ein wildes, ungezähmtes Dschungelbiest frei herumlief und jeden Moment anfangen konnte, die Passagiere zu terrorisieren – wenn man den Worten unserer Flugbegleiterin glaubte, stand der Flug kurz davor, zu einem dieser Katastrophenfilme ohne Happy End zu werden –, schien das größte Problem zu sein, dass sie uns gleich etwas von ihrem fabelhaften Flugzeugessen servieren wollten. Offenbar schreiben es die Hygienevorschriften in amerikanischen Flugzeugen zwingend vor, dass Tiere während der Mahlzeiten in ihren Käfigen saßen. Ist unser Land nicht einfach großartig? Wir kriegen das Problem mit den Obdachlosen nicht in den Griff, aber das Gesundheitsministerium hat dafür gesorgt, dass wir alle zusammengepfercht in kleinen Sesseln sitzen und in Ruhe und Frieden unser Hühnchen Teriyaki aus der Mikrowelle essen können.

Wir fanden schließlich einen Kompromiss, zu dem leider nicht gehörte, dass ich die Lippen unserer Flugbegleiterin zutackern durfte. Ich stimmte lediglich zu, auf das Essen zu verzichten, genau wie meine loyale Agentin. Im Austausch dafür wurde Norton nicht mit einem Fallschirm auf dem Rücken aus dem Flugzeug geworfen. Er durfte auf meinem Schoß sitzen bleiben. Der Typ hinter mir konnte den Platz mit einem anderen Passagier tauschen, der Verständnis für mich hatte. Und unser Flugzeug konnte ohne weitere Hysterie bis nach San Diego weiterfliegen.

Und genau das taten wir. Norton starrte zufrieden aus dem Fenster, bis wir landeten. Mr. Allergie zog nach ganz hinten ins Flugzeug um und verbrachte den Rest des Fluges damit, reine, katzenfreie Luft zu atmen. Esther war so wütend über Schwester Ratcheds Benehmen, dass sie ihre Angst, zu zerschellen und zu sterben, darüber ganz vergaß; sie gestattete Norton sogar, für eine Weile auf ihrem Schoß zu sitzen. Die böse Stewardess – ich weigere mich schon aus Prinzip, sie Flugbegleiterin zu nennen – hielt sich für den Rest des Fluges von uns fern und weigerte sich sogar, uns Kaffee oder kleine Erfrischungstücher zu bringen.

Die letzten drei Stunden unserer Reise verliefen ruhig.

Die Hysterie fing erst wieder an, nachdem wir gelandet waren.

Als wir schließlich unser Gepäck geholt und zwei weitere Verlagsleute eingesammelt hatten, die auch ein Auto brauchten, dann am Schalter der Autovermietung gewartet, uns einen Wagen ausgesucht und eine Wegbeschreibung zur Konferenz erhalten hatten, waren wir bereits neun Stunden unterwegs. Das ist die zweite Lektion, die ich (nach der, dass ich eine Box kaufen musste, die unter den Flugzeugsitz passte) über weite Reisen mit Katzen lernte: Neun Stunden sind zu lange, um sie ohne ein Katzenklo durchzustehen.

Vier Leute und eine Katze zwängten sich in einen glänzenden Oldsmobile. Die Leute fingen sofort an, sich darüber zu beschweren, dass sie hungrig waren und Südkalifornien hassten. Der Kater begann völlig gegen seine sonstige Art, wie ein Verrückter zu miauen. Norton setzte sich auf die Ablage vor der Heckscheibe und heulte. Er tat das gut fünfzehn Minuten lang. Ich glaube, so lange brauchte er, bis ihm klar wurde, dass es noch eine Weile dauern würde, bis wir das Motel erreichten. Aber als er das schließlich begriffen hatte, beschloss er, sofort etwas zu unternehmen.

Er pinkelte über die gesamte Rückbank.

Ich muss wohl nicht erwähnen, dass meine Mitreisenden das überhaupt nicht komisch fanden. Vor allem, weil er gar nicht mehr damit aufhörte. Ich habe noch nie ein Lebewesen – zwei- oder vierbeinig – so lange pinkeln sehen.

Ich wurde nicht wütend. Ich konnte nicht. Es war fast unmöglich, Norton einen Vorwurf zu machen. Und so unglücklich wie er aussah, gefiel ihm die Situation genauso wenig wie uns. Er wusste sich nur nicht anders zu helfen.

Als wir in dem verzweifelten Versuch, die Sache zu bereinigen, an einer Tankstelle anhielten, wurde mir klar, wie völlig unvorbereitet ich darauf war, die nächste Woche eine Katze dabeizuhaben. Ich hatte nicht nur kein Katzenklo, ich hatte auch kein Katzenstreu. Ich hatte auch kein Katzenfutter oder Futterschüsseln oder irgendwelche Katzenleckerlis dabei. Im Grunde begriff ich erst zu diesem Zeitpunkt, dass mein Kater durch meinen selbstsüchtigen Wunsch, ihn mit auf die Reise zu nehmen, einen Crashkurs »Katzenfolter für Anfänger« absolviert hatte.

Norton war ganz offensichtlich entsetzt und zutiefst

beschämt über seinen öffentlichen ... ähm ... Unfall. Er schien nicht zu verstehen, dass es nicht seine Schuld war. Er versteckte sich unter dem Fahrersitz, bis wir am Motel ankamen. Und nachdem meine missgestimmten Mitfahrer ausgestiegen waren, unternahm ich sofort Schritte, um meine Gedankenlosigkeit wieder wettzumachen.

Als Erstes fuhr ich zu einem Supermarkt, in dem ich einen großen Karton besorgte (inzwischen begegne ich diesem latent peinlichen Problem sehr viel effektiver. Ich habe jetzt immer ungefähr zwanzig tragbare, zusammengefaltete Katzenklos zuhause. Die kriegt man in jedem Zoohandel; sie sind so stabil, dass sie ein oder zwei Wochen halten, und sie passen in meine Aktentasche oder meine Reisetasche. Ich kann sie wirklich sehr empfehlen). Ich kaufte auch Katzenstreu. (Jetzt, nach Jahren, habe ich das alles ganz genau berechnet: Zwei kleine 2,5-Kilo-Beutel Katzenstreu passen locker in meinen Koffer. Sobald wir einen Mietwagen haben, stelle ich eine der zusammengefalteten Katzenklos auf, öffne einen der Beutel und *voilà* – Norton hat alles, was er braucht, direkt auf dem Boden unter der Rückbank. Ich brauche ihn nicht die ganze Fahrt bis zu unserem endgültigen Ziel zu quälen, und dadurch werden auch alle Fahrten während meines Aufenthalts einfacher. Wenn ich dann in meinem Zimmer bin, hole ich ein zweites Katzenklo heraus und öffne den zweiten Beutel Katzenstreu. Norton weiß diese zusätzliche Einrichtung nicht nur sehr zu schätzen, ich bin auch sicher, dass die Leute von der Autovermietung und vom Hotel dadurch sehr viel glücklicher sind. Ich weiß, dass die Hotelpagen es sind. Als mir zum ersten Mal die Idee kam, ein Katzenklo mit ins Auto zu nehmen, hatte ich kein zweites dabei. Also musste ein nicht sehr glücklich dreinblickender Typ in Uniform ein benutztes Katzenklo rauf in mein Zimmer tragen.) Außerdem besorgte ich eine Kotschaufel im Supermarkt, damit ich den Karton sauber machen konnte, dazu Futterdosen für eine Woche und einen Eimer mit Katzenleckerlis.

Zurück im Motel, checkte ich ein und sorgte dafür, dass Norton alles hatte, was er brauchte. Zwei Aschenbecher wurden zu perfekten Futter- und Wasserschalen umfunktioniert. Ich fütterte ihn, zeigte ihm, dass ich sein Katzenklo direkt neben dem Waschbecken aufgestellt hatte, dann setzte ich ihn aufs Bett und fing an ihn zu streicheln und ihm mit großem Ernst zu versichern, dass er sehr wahrscheinlich das großartigste Tier war, das jemals gelebt hatte. Es dauerte nicht lange, und er schnurrte. Nach einer halben Stunde beschloss ich, dass ich jetzt auspacken konnte. Ich war ziemlich sicher, dass er mir vergeben hatte.

Zu meinen Pflichten auf der Konferenz gehörte es auch, einen guten Teil des Tages Manuskripte zu begutachten. Jeder Teilnehmer, der an meiner Meinung interessiert war, konnte mir fünfzehn bis fünfundzwanzig Seiten geben, die ich las; dann verbrachte ich mehrere Stunden am Pool, und jeder Teilnehmer konnte eine Viertelstunde lang mit mir über seine oder ihre schriftstellerischen Qualitäten diskutieren (oder sich zumindest meine geschulte Meinung über seine oder ihre schriftstellerischen Qualitäten anhören). Ich mag diesen Teil jeder Autorenkonferenz, an der ich teilnehme, stets besonders. Es ist immer interessant zu sehen, über was die Leute schreiben, und sich dann anzuhören, über was sie *glauben* zu schreiben. Manchmal schleicht sich in diese Gespräche jedoch auch eine gewisse Feindseligkeit ein. Viele Lektoren gehen einem gleich an die Gurgel und sagen einem die Wahrheit. Das sollte man lieber nicht tun. Viele angehende Autoren können nicht mal ein winziges bisschen Kritik an ihren kostbaren Worten vertragen. Man muss einen guten Mittelweg zwischen Wahrheit und Ermutigung finden. Das ist nicht immer leicht. (Stellen Sie sich vor, Sie müssten etwas zu dem wahren Bericht eines Zahnarztes aus Oklahoma über die vergnügte Welt der Zahnstein-Kontrollen mit dem Titel »Weit offen« sagen, ohne den Autoren dabei zu beleidigen.) Ich versuche, nett zu sein, weil ich es in den meisten Fällen nicht mit Profis zu tun habe. Bei einem Profi kann ein Lektor tatsächlich sagen: »Der Absatz ist scheiße. Streich das.« Der Profi wird sich den Absatz dann normalerweise einfach noch mal ansehen und ihn, wenn er tatsächlich scheiße ist, streichen oder zumindest umschreiben. Bei einem Amateur kann eine so krasse Aussage für alles von Tränen bis hin zu einer gezückten Waffe sorgen. Also versuche ich, nicht nur nach Negativem, sondern auch nach Positivem zu suchen. Im Grunde versuche ich, den potenziellen Autoren etwas für ihr Geld zu bieten.

Aus dem gleichen Grund wollte ich auch Norton etwas für *sein* Geld bieten. Nachdem er schon durchs halbe Land gereist war, erschien es mir dumm, ihn in einem Motelzimmer einzusperren. Also nahm ich Norton am Tag meiner ersten Sitzung an den Pool mit, setzte ihn auf meinen Stuhl und erklärte ihm, dass er sich die nächsten paar Stunden amüsieren sollte.

Sobald er frei war und tun konnte, was er wollte, lief er zur anderen Seite des Hotels, wo es eine Wiese und Büsche gab, durch die er schleichen konnte. Bevor er um die Ecke aus meinem Sichtfeld verschwand, miaute er einmal laut. Ich sah auf, unsere Blicke trafen sich (ich denke mir das nicht aus, ich schwöre, so war's), er sorgte dafür, dass ich mir merkte, wo er war, dann war er weg.

Eine New Yorker Lektorin, die ebenfalls an der Konferenz teilnahm, kam zu mir und fragte mich, ob ich wüsste, dass auf der anderen Seite des Motels eine Hauptverkehrsstraße verlief. Ich sagte ihr, dass ich nicht dringend irgendwohin müsste, und sie erklärte mir dann, dass sie sich auch nicht um meine Reisepläne sorge, sondern um meine Katze, die vielleicht überfahren werden könnte. Ich versicherte ihr, dass es Norton gut ging, dass er das auf Fire Island die ganze Zeit so gemacht hätte, und dachte nicht mehr daran.

Ich begann mit meiner ersten Sitzung, einer Kritik von etwas, das ein Roman sein sollte, aber offensichtlich nichts weiter als ein kaum verhohlener Tatsachenbericht über eine wilde Liebesaffäre zwischen einer jungen Jüdin und einem älteren Italiener in den 1930er-Jahren war. Das Buch trug den poetischen Titel *Matzen und Spaghetti*, und die Autorin war eine siebzigjährige Frau namens Naomi Weinblatt. Meine hilfreichen Kommentare (»Die Dialoge sind wirklich stark, aber sind Sie sicher, dass die Geschichte noch in die Zeit passt?«) wurden von der besorgten Lektorin unterbrochen, die vorbeikam, um mir zu sagen, dass sie gerade nach meiner Katze gesucht hätte und dass sie ganz offensichtlich nicht mehr da sei. Sie hatte versucht, Norton zu rufen, aber er war nicht gekommen. Noch einmal erklärte ich ihr, dass sie sich entspannen sollte, und wandte mich wieder der Autorin zu, die ihren Roman mit den Worten verteidigte: »Aber das ist alles wirklich passiert!«

Während ich das nächste Manuskript kommentierte, einen im amerikanischen Bürgerkrieg spielenden Roman über eine wunderschöne, leidenschaftliche Frau namens Scarlett, die sich in einen attraktiven, zwielichtigen Schurken verliebte (»Sie schildern die Epoche sehr schön, aber die Idee ist nicht ganz neu«), hörte ich die Stimme der Lektorin rufen: »Norton ... Norton ...« Ich blickte zu ihr hinüber, und tatsächlich kämpfte sie sich durch die Büsche nahe der Stelle, an der er verschwunden war, und versuchte, ihn herauszulocken. Ich schüttelte den Kopf und wandte mich meinem nächsten eifrigen Autoren zu.

Eine Stunde und mehrere Manuskripte später (ein Science-Fiction-Roman, in dem Computer, die eigentlich Menschen sind, Menschen erschaffen, die eigentlich Computer sind; eine Serie von erbaulichen Essays, in denen es um die einfachen Freuden des Lebens ging und die den Titel »Hey, es macht nichts, wenn du fett bist« trug; eine Kurzgeschichte von einer extrem adretten Frau namens Joy über eine extrem adrette Frau namens Jill, die in einem extrem schlammigen Straßengraben vergewaltigt wird, dann kilometerweit kriecht, bis sie eine Müllhalde erreicht, in die sie hineintaumelt, sich selbst mit Dreck bedeckt und dann mit dem Gedanken stirbt, dass sie gerne den Namen ihres Vergewaltigers kennen würde, damit sie ihm vergeben kann – mein extrem hilfreicher Kommentar: »Schreiben Sie über etwas, das Sie kennen«) hatte meine Lektoren-Kollegin einen kleinen Suchtrupp zusammengestellt. Jetzt krochen vier oder fünf Teilnehmer über die Wiese, riefen Nortons Namen und flehten ihn an, nach Hause zu kommen.

Nach einer weiteren Stunde (ein Drehbuch, in dem die gedrehte Zeit der echten Zeit entsprach – mit anderen Worten: *nichts* passierte; ein Dutzend Gedichte über den Alltag, bei denen ich mich nur noch erinnere, dass der Autor tatsächlich einen Reim aus »Pantoffel« und »Löffel« gebildet hatte; ein Thriller, der mit folgendem

Satz anfing: »Die Kugel drang in seine Stirn, und er fühlte sich schwach, brachte kaum noch die Energie auf, die Sicherung der Handgranate zu ziehen, die in seiner Uniform versteckt war, und sie den herannahenden deutschen Sauerkrautfressern entgegenzuschleudern, um sie alle zur Hölle zu schicken, wie sie es verdient hatten.« Mein einziger Kommentar dazu war: »Hat er die Granate oder die Uniform auf die Sauerkrautfresser geworfen?«), konnte ich das, was inzwischen zu einer Großfahndung nach Norton geworden war, nicht länger mit ansehen. Es sah so aus, als würden inzwischen alle Einwohner von San Diego nach meiner verschwundenen Katze suchen. Ich muss gestehen, dass ich nach außen hin zwar ruhig und gefasst blieb, mir innerlich jedoch große Sorgen machte. Was, wenn Südkalifornien *nicht* wie Fire Island war? Was, wenn Norton beschlossen hatte, Fire Island zu *suchen* und die Schnellstraße für den besten und schnellsten Weg dahin hielt? Was, wenn …

Ich beschloss, dass diese Überlegungen zu nichts führten, obwohl ich ziemlich sicher war, dass einige der Teilnehmer ein schlechtes Gedicht über die Situation hätten schreiben können. Ich beschloss, selbst herauszufinden, ob mein Vertrauen in Norton fehl am Platz gewesen war.

Ohne meine Angst zu zeigen, ging ich zu der Stelle, an der ich ihn zuletzt hatte miauen sehen, und rief einmal seinen Namen. Sofort sprang meine kleine graue Katze aus den Büschen und miaute aufgeregt, glücklich, dass ich gekommen war, um ihn vor all diesem Lärm zu retten. Ich streichelte ihn stolz, dann drehte ich auf dem Absatz um und lief die Treppe zu unserem Zimmer im ersten Stock hinauf. Um den Pool herum herrschte Schweigen, während Norton, bereit für ein kurzes Nickerchen, hinter mir hertrottete. Als ich die Tür öffnete und ihn vor mir ins Haus ließ, brandete spontan Applaus auf.

Während Norton hineinging, fragte ich mich, ob es wohl möglich war, ihm eine Verbeugung beizubringen. Ich beschloss, dass es vielleicht einen mehrminütigen Versuch wert war.

Der Rest der Konferenz verlief glatt. Norton verbrachte, abhängig von seiner Laune, einen Teil des Tages schlafend im Zimmer und mit Erkundungsgängen am Pool. Er hörte sich auch einen meiner Vorträge an und verbrachte die Zeit schlafend auf dem Podium, direkt auf meinen Notizen.

Als die Lesungen und Seminare und Vorträge und Sitzungen am Pool vorüber waren, waren die Reaktionen auf meine Teilnahme unterschiedlich. Einige Leute fanden, ich sei zu hart gewesen; einige hielten mich dagegen für eine willkommene Dosis Verlagsrealität. Ich schätzte meine Chancen, im nächsten Jahr wieder eingeladen zu werden, auf etwa fünfzig zu fünfzig. Die Reaktion auf Norton war dagegen sehr viel einseitiger. Es war ziemlich klar, dass er jederzeit wiederkommen konnte, wenn er wollte.

Bevor er jedoch nach San Diego zurückkehren konnte, musste Norton zuerst die einmalige Stadt Los Angeles kennenlernen.

Esther, er und ich stiegen wieder in unseren Mietwagen und fuhren die Küste hinauf. Auf dem Weg zur Autobahn hielten wir nur kurz an einem Supermarkt an, wo ich dem Geschäftsführer erklärte, wofür ich zwei leere Kartons brauchte, und er so nett war, sie mir umsonst zu überlassen. Die Fahrt ging schnell und war nur deshalb bemerkenswert, weil Norton beschloss, die Hälfte davon

auf meiner Schulter zu sitzen und den Kopf aus dem geöffneten Fahrerfenster zu stecken, und weil Esther die
ganze Fahrt damit verbrachte, sich über die Tatsache zu
beschweren, dass der Wagen noch immer nach unserem
letzten Ausflug mit Norton stank.

Ich ließ Esther am Beverly Hills Hotel raus und fuhr ins
Vier Jahreszeiten. Das Beverly Hills ist ein bisschen zu
showbiz-lastig für meinen Geschmack. Es ist so gut wie
unmöglich, durch die Lobby zu gehen oder etwas zu essen, ohne so charmante Worte und Sätze zu hören wie:
»Verdammt, die glauben doch nicht im Ernst, dass ich ihnen mein Drehbuch zu diesen Bedingungen verkaufe«
und »Die Idee ist gut, aber das Konzept trägt nicht« oder
»Sicher kann ich das Dustin zeigen, aber ist er der Richtige dafür?«. Alle diese Dinge wurden normalerweise von
Leuten gesagt, die tatsächlich alles dafür geben würden, dass jemand ihr Drehbuch kauft, die keine Ahnung
hatten, was eine wirklich gute Idee war, und die es mit
der Angst zu tun bekamen, wenn sie eine hörten, weil
sie dann gezwungen waren, eine Entscheidung zu treffen, und die Dustin nur dann etwas zeigen konnten, wenn
sie ihm zufällig auf der Straße begegneten und die Unterhaltung mit den Worten begannen: »Entschuldigen Sie,
Mr. Hoffman, Sie kennen mich nicht, aber ...«

Ich ließ Esther also am Showbiz-Hauptbahnhof raus
und fuhr in mein Hotel. Immer noch ein bisschen misstrauisch nach dem Erlebnis mit unserer Flugbegleiterin,
war ich sehr erleichtert, als die Dame an der Rezeption
mit einem strahlenden Lächeln auf dem Gesicht sagte:
»Und das muss Norton sein.«

Während er auf dem Empfangstresen saß, checkte man
uns zügig und problemlos ein und zeigte uns anschließend unser Zimmer. Ich war glücklich, und nachdem ich

das Katzenklo und die Aschenbecher mit Futter und Wasser aufgestellt hatte, auch meine Katze.

Norton mochte L. A. auf Anhieb. Sein einziges Problem lauerte im Haus meiner Eltern. Ich sollte besser seine *einzigen Probleme* sagen.

Das erste Problem war ein unlösbares. Das Haus meiner Eltern lag in den Bergen über dem Coldwater Canyon, und dort liefen jede Menge Kojoten herum. Einmal, als die beiden gegen Mitternacht von einer Dinnerparty zurückkamen, standen zwei Kojoten mitten auf der Einfahrt direkt vor der Garage. Zum Glück fürchteten sich die Tiere genauso vor meinen Eltern wie meine Eltern vor den Tieren, und niemand wurde gefressen. Aber sehr viele kleine Tiere in der Gegend *waren* gefressen worden. Die Leute, die neben meinen Eltern wohnten, hatten einen süßen kleinen Pudel. Sie ließen den Hund nachts nie raus, weil sie Angst hatten, dass die Kojoten ihn im Schutz der Dunkelheit angreifen würden. Aber sie dachten, es wäre okay, das Tier am Tage frei herumlaufen zu lassen. Eines Tages ließen sie das Hündchen um zehn Uhr morgens nach draußen. Gegen Mittag gingen sie es suchen – und fanden nur noch seinen Kopf und die vier Pfoten. Es war wirklich grauenhaft.

Es ist schwierig, Mitleid mit Kojoten zu haben, weil es so hässliche und wenig ansprechende Tiere sind, aber das muss man, zumindest ein bisschen. Um Los Angeles herum wird so viel gebaut, dass die Kojoten quasi vertrieben wurden. Ihren ursprünglichen Lebensraum gibt es nicht mehr. Also bleibt ihnen gar nichts anderes übrig, als sich in der Nähe der Häuser reicher Familien aufzuhalten und deren Müll und Haustiere zu fressen. Ich habe versucht, das alles Norton zu erklären, aber ich stieß auf wenig Verständnis. Er interessierte sich nur dafür, dass es ihm nicht gestattet war, durch den Garten zu streifen, der auf ihn extrem einladend wirkte. Aber ich beschloss, dass er lieber drinnen frustriert als draußen Kojotenfutter sein sollte.

Das zweite Problem waren die beiden Golden Retriever meiner Eltern, die die Größe und Intelligenz von Dinosauriern haben. Dolly und Rewrite sind so lieb, wie Hunde es sein können. Aber mit ihnen zusammen zu sein ist so, als wäre man mit zwei der drei Stooges zusammen. Sie wedeln mit dem Schwanz, und wertvolles Kristall zerschellt auf dem Boden. Sie springen einen zur Begrüßung an, und weiße Leinenanzüge sind mit schlammigen Pfotenabdrücken bedeckt. Wenn man sie streichelt, muss man sich eine Minute später eine Gallone Hundesabber von den Händen, den Armen und sogar dem Hals abwaschen. Meine Eltern waren ganz närrisch wegen dieser Hunde. Mein Vater nannte sie inzwischen seine »Kinder«, und wenn ich aus New York anrief, um Hallo zu sagen, und mich nicht nach ihnen erkundigte, wurde ich zurechtgewiesen. Ich war ziemlich sicher, dass Dolly und Rewrite zu diesem Zeitpunkt im Testament vor mir und meinem Bruder standen.

Während ich zugeben muss, dass ich meine vierbeinigen »Geschwister« mochte, fiel es Norton schwer, mit ihnen warm zu werden – vor allem, weil es ihre Lieblingsbeschäftigung war, ihn die Treppe hinaufzujagen, unter meinem Bett in die Enge zu treiben und so laut zu bellen, wie sie konnten, was ungefähr so laut ist wie alles, was ich seit einem *The Who*-Konzert im Jahr 1972 jemals gehört habe.

Norton kam mit den wenigen Hunden, denen er auf Fire Island begegnete, eigentlich aus. Er war normalerweise auf der Hut in ihrer Nähe, aber er gewährte ihnen einen Vertrauensvorschuss. Ich würde nicht sagen, dass Hunde zu seinen besten Freunden gehörten, aber ich hatte ihn auf Fire Island mehr als einmal im Garten friedlich neben dem Hund meines dortigen Nachbarn liegen sehen. Dolly und Rewrite waren jedoch etwas ganz anderes. Es gab keinen Frieden, wenn die drei zusammen im Haus waren.

Wir lösten die Angelegenheit recht einfach. Wenn Dolly und Rewrite draußen waren (die Kojoten blieben lieber weg, wenn diese beiden Trottel herumliefen und -sprangen), kam Norton nach unten und sah sich in der Küche, dem Arbeitszimmer und dem Wohnzimmer um. Wenn die Hunde hereingelassen wurden, versperrten wir die Treppe mit einem Gitter und ließen sie nicht mehr in den oberen Teil des Hauses. Norton lag dann auf der Treppe direkt oberhalb des Gitters, sicher in dem Wissen, dass sie ihn nicht kriegen konnten, und genoss die Tatsache, dass seine Anwesenheit die beiden fast zur Weißglut trieb.

Das dritte Problem war ein bisschen heikler.

Mein Vater konnte Katzen auf den Tod nicht ausstehen.

Ich versuchte alles, was mir einfiel, als es um sein erstes Zusammentreffen mit Norton ging. »Bring ihn nicht mit zu uns«, sagte er. Ich fing mit meinen Erklärungen an, dass mein Kleiner anders war als normale Katzen, dass er unglaublich schlau war, dass er meinen Vater nicht stören würde, dass auch ich irgendwann in meinem Leben geglaubt hatte, Katzen nicht zu mögen, aber dass sich das mit Norton alles geändert hatte. Das hatte ungefähr so viel Wirkung auf meinen Vater, wie es auf einen Marmorblock gehabt hätte. Ungerührt wiederholte er einfach seine Anweisung: »Bring ihn nicht mit zu uns.«

Ich muss an dieser Stelle ein paar Worte über meinen Vater sagen. Er war der perfekte Dad. Wir waren großartige Kumpel, und ich glaube nicht, dass ich ihn mehr hätte respektieren können. Jahrelang war er einer der Top-Fernsehautoren in L. A. gewesen, und dann wurde er mit Ende fünfzig auch noch einer der Top-Fernsehregisseure. Er war ein Bär von einem Mann, dominierte einen Raum mit seinem Aussehen und seiner Persönlichkeit. Seine Masche bestand darin, ruppig und zynisch zu sein, und oberflächlich gesehen war er das auch, aber eigentlich war er der liebevollste und großzügigste Mensch, den ich jemals im Leben getroffen habe. Er löste Probleme und gab Ratschläge und war normalerweise gerade strikt und unnachgiebig genug, um für die richtige Art väterlicher Unterstützung zu sorgen. Er hatte ganz sicher sehr viele Fehler im Leben und in seiner Karriere gemacht, aber seine richtigen Entscheidungen machten diese mehr als wett. Cindy, die in den ersten beiden Jahren, die sie ihn kannte, total eingeschüchtert von ihm war, sagte einmal, er sei der Erste gewesen, den sie getroffen hatte, der überlebensgroß wirkte. Ich fand ihn immer komisch und intelligent und talentiert und ausgesprochen gewissenhaft, und ich genoss das Zusammensein mit meinen Eltern genauso wie das mit meinen Freunden. Aber er war dennoch mein Dad, und ich war immer noch sein Sohn – und als solche konnten wir uns ohne große Provokation restlos wahnsinnig machen.

Als ich Norton zum ersten Mal mit zu meinen Eltern nahm, hatte ich das komische Gefühl, dass er eine weitere dieser wahnsinnig machenden Provokationen sein würde.

Das Einzige, was ich dem Bild von Nortons erster Begegnung mit meiner Familie noch hinzufügen kann, ist eine kurze Beschreibung meiner Mutter, die übrigens auch die perfekte Mom ist. Während mein Dad gerne poltert, bleibt meine Mom immer ruhig und sorgt hinter den Kulissen dafür, dass alles wirklich in Ordnung ist. Sie war immer die ruhige Kraft der Familie, obwohl sie stets dafür sorgte, dass alle anderen dafür gelobt wurden.

Meine Mutter hatte an ihrem fünfundfünfzigsten. Geburtstag noch keinen Tag in ihrem Leben offiziell gearbeitet. Eines Nachmittags saß sie in einem sehr angesagten Restaurant – damals das *Ma Maison*. Sie beschloss, dass sie eine Expertin für die französische Küche werden wollte, also fragte sie den Besitzer, Patrick, wie sie das schaffen konnte. Ich glaube, ihr schwebte so etwas Dilettantisches vor wie für ein paar Wochen nach Frankreich zu fahren und Kochkurse zu besuchen. Stattdessen erklärte Patrick ihr, dass sie drei Tage die Woche in einem Restaurant arbeiten sollte – ohne Bezahlung – und dass sie nach sechs Monaten eine tolle Köchin sein würde. Genau das tat sie. Zuerst arbeitete sie dreimal in der Woche als unbezahlte Auszubildende, und innerhalb eines Jahres war sie nicht nur eine großartige Köchin, sie hatte auch die *Ma Maison*-Kochschule gegründet und leitete sie. In den zwölf Jahren, die seitdem vergangen sind, ist sie zu einer Königin der L. A.-Kochmafia geworden, hat mehrere renommierte Kochbücher geschrieben und arbeitet eng mit berühmten Köchen zusammen. Der einzige Nachteil an dieser Sache ist, dass meine Mutter jetzt ein bisschen sehr aufs Essen fixiert ist. Wenn ich sie anrufe und ihr sage: »Mom, ich bin ein bisschen deprimiert – ich wurde gefeuert, und meine Freundin hat mich verlassen und gerade hat mich ein Lastwagen überfahren«, dann wird meine Mutter mir wahrscheinlich eine Minute oder so ihr Mitgefühl bekunden und dann sagen: »Habe ich dir von der Crème brûlée erzählt, die ich gestern Abend gemacht habe? Sie war wunderbar. Ich habe etwas Zitrone dazugegeben und …« Und dann erklärt sie mir, wie man den perfekten Nachtisch zubereitet.

Meine Mom ist ziemlich unerschütterlich. Nichts kann sie aus der Ruhe bringen, und nachdem sie mit den Jahren selbstsicherer wurde, betrachtet sie die Dinge des Lebens stets mit einer bewundernswerten Gelassenheit. Man kann den Unterschied zwischen meinen Eltern ganz gut verdeutlichen, wenn man ihre Reaktion schildert, als sie zum ersten Mal meine Wohnung in New York sahen.

Ich schätze, jeder, der den Anspruch erhebt, ein Künstler zu sein und der nach New York zieht, hat irgendwann in einer Wohnung gelebt, die meiner ähnelt. Aber um ehrlich zu sein, ist das eigentlich fast unmöglich. Ich glaube, man kann davon ausgehen, dass meine Wohnung die schlimmste in ganz New York City war. Sie lag an der Perry Street in der Nähe der Seventh Avenue, direkt im Herzen von Greenwich Village. Es war ein Keller. Ich meine keine Kellerwohnung – ich meine ein Keller. Ein großer Teil von dem, was das Wohnzimmer sein sollte, hatte keinen Boden. Es war nur Erde, und man konnte, ohne sich sehr anstrengen zu müssen, ein Loch hineinbuddeln und sich die U-Bahn ansehen. Als ich die Wohnung mietete, gab es keine Küche, kein Bad, nicht mal eine Dusche. Es gab auch kein Licht. Die einzigen beiden Fenster zeigten zur Straße, wurden jedoch von den riesigen Müllcontainern des Hauses verstellt. Sie war auch nicht besonders solide gebaut. In besonders regnerischen oder schneereichen Nächten kam es recht häufig vor, dass die Elemente durch die Ritzen in den Wänden drangen. Nichts ist mit dem Gefühl zu vergleichen, das man hat, wenn man an einem schneereichen, eisigen Wintermorgen um zwei Uhr morgens aus einer Bar in Greenwich Village nach Hause kommt, ins Bett kriecht – und feststellt, dass die Bettlaken völlig nass von dem Schnee sind, der die ganze Nacht in die Wohnung geweht wurde.

Zur Verteidigung meiner Wohnung muss man jedoch sagen, dass es eine großartige, gestrichene Blechdecke und Backsteinmauern und einen tollen Holzboden darin gab (in dem Teil, der einen Boden *hatte*). Außerdem lag sie direkt im Herzen des Village. *Und* sie kostete nur 105 Dollar im Monat. Doch selbst mir war klar, dass es nicht die Art von Wohnung war, in denen Eltern ihre Kinder gerne wohnen sahen.

Ich hatte damals versucht, die beiden auf das vorzubereiten, was sie sehen würden, wenn sie nach New York kamen. Ich fand später heraus, dass meine Mutter meinen Vater schon Wochen vor dem Besuch mit Bemerkungen in den Wahnsinn trieb wie: »Und denk dran, sag Pete, dass dir seine Wohnung gefällt, wenn du sie siehst, ganz egal, wie du sie findest.« Und fast jede Minute des Tages war laut meinem Vater mit ihren Ermahnungen angefüllt, wie wichtig es für mich war, dass sie mich in meinem Lebensstil und in meinem Geschmack unterstützten. Schließlich versprach mein Vater, dass er sich von seiner besten Seite zeigen und mir sagen würde, dass er meine Wohnung gut fand – ganz egal, wie sie wirklich war.

Als die beiden zum ersten Mal kamen, um sie mit eigenen Augen zu sehen, verbrachte meine Mutter die gesamte Taxifahrt damit, die Regeln noch einmal für meinen Vater zu wiederholen. »Sag ihm, sie ist toll ... sag ihm, sie gefällt dir ... Denk dran, wie es war, als du selbst jung warst ...« Meine Mutter hatte sich da inzwischen so reingesteigert, dass sie, als ich das Klopfen an der Tür hörte und ihnen öffnete, noch bevor ich ein Wort sagen konnte, in Jubelstürme ausbrach. »Oh, mein Gott, wie schön! Es ist perfekt! Ist es nicht perfekt? Was für eine tolle Wohnung!« Ich hatte die Geistesgegenwart zu sagen: »Mom, willst du nicht reinkommen und sie dir zuerst *ansehen*, bevor du sie schön findest?« Verlegen trat sie ein. Mein Vater folgte ihr. Nach einer Pause von zwei Sekunden brach mein Vater, der sich erstaunt umsah, alle seine Versprechen an meine Mutter und sagte: »Heilige Scheiße. Was für eine Bruchbude!«

Die beste Beschreibung meiner Eltern – und des Unterschieds zwischen ihnen – kam von einem Regisseur namens Bill Persky, einem ihrer Freunde, der bei einem Toast auf einer Feier zu ihrem Hochzeitstag sagte, ihre Ehe sei wie eine zwischen »Adolf Hitler und Julie Andrews«.

Adolf, Julie, darf ich euch Norton vorstellen?

Ich kam zum Abendessen zum Haus, und Norton hing zufrieden in seiner gewohnten Tasche an meiner Schulter. Mir war bewusst, dass mein Vater mir gesagt hatte, ich dürfe ihn nicht mitbringen, aber ich war sicher, dass er es nicht so meinte.

Meine Mutter bewunderte ihn gebührend, als sie ihn sah. Sie mochte Katzen auch nicht besonders, aber ihr gefielen die beiden Dinge, die sofort offensichtlich waren – er sah toll aus, und er war lieb. Sie streichelte ihn vorsichtig, weil sie den Umgang mit Katzen nicht gewohnt war. Sie entspannte sich, als Norton seine Nase in ihre Hand drückte. Während er das tat, rief mein Vater von oben herunter: »Hast du diese Katze dabei?« Als ich das bejahte, schrie er als Nächstes: »Dann sorg dafür, dass ich sie nicht sehe, wenn ich runterkomme!«

Nach ein wenig Verwirrung und noch mehr Diskussionen einigten wir uns schließlich darauf, dass ich nicht dafür sorgen konnte, dass mein Vater Norton gar nicht zu Gesicht bekam, aber ich versprach, dafür zu sorgen, dass er ihm nicht in die Quere kam. Zuerst versuchte ich, meinem Dad verständlich zu machen, dass diese Katze wirklich etwas ganz Besonderes war, aber er schien der erste Mensch zu sein, der Nortons Charme widerstehen konnte.

Norton starrte ihn mit seinem süßen Blick an. Er rollte sich auf den Rücken, streckte die Pfoten in der Luft und lud meinen Vater dazu ein, seinen Bauch zu streicheln. Er versuchte, sich am Bein meines Vaters zu reiben. Er versuchte, sich an ihn zu schmiegen. Vergessen Sie's. Der Mann war aus Stein. Er mochte Katzen wirklich nicht, und Norton war eine Katze. Es gab keine Möglichkeit, jemals mehr als einen Waffenstillstand zwischen Mensch und Tier auszuhandeln.

Ich ging so gut damit um, wie ich konnte, obwohl ich extrem enttäuscht war. Ich fühlte mich schlecht, weil mein Vater sich der besonderen Freude nicht öffnen konnte, die Norton mir machte. Aber dazu war er offensichtlich nicht in der Lage.

Nach dem Essen nahm ich Norton mit zurück ins Hotel und sorgte dafür, dass er verstand, dass es nicht seine Schuld war, dass mein Vater ihn nicht zu schätzen wusste. Die nächsten paar Tage machte ich meine Runden durch L. A., traf mich mit Agenten, Autoren, Film- und Fernsehleuten – einer Menge Menschen, die mich »Babe« nannten, mir sagten, dass sie meine Familie toll fanden, und mich wissen ließen, dass ich »heiß« war. Zum Glück holte mich ein Agent auf den Boden der Tatsachen zurück, indem er mir erklärte, dass es einfach war, heiß zu *werden*. Die Schwierigkeit bestand darin, heiß zu *bleiben*.

Manchmal begleitete Norton mich im Auto, manchmal

blieb er im Hotel. Im Auto gehörte es zu seiner neuen Vorstellung von Spaß, das zu tun, was er auf der Fahrt von San Diego schon angefangen hatte: sich auf meine Schulter zu setzen und den Kopf durch das offene Fenster zu stecken. Inzwischen hatte ich keine Angst mehr, dass er rausspringen könnte. Das war einfach etwas, das Norton nicht tun würde. Selbst in L. A., wo die Leute an so ziemlich alles gewohnt sind, sahen sich die Passanten oft nach uns um, wenn wir vorbeikamen.

Alles in allem beschloss ich, dass es eine einfache Sache gewesen war, mit Norton von Küste zu Küste zu reisen, und dass es einfacher werden würde, wenn wir mehr Erfahrung hatten. Aber als ich gerade beschlossen hatte, dass es keine Nachteile gab, tauchte ein großer Nachteil auf.

Ich erhielt einen Anruf aus meinem Büro. Wir wollten die Autobiografie eines Prominenten veröffentlichen. Wie so oft schrieb der Promi das Buch nicht selbst; er sprach einfach auf einen Kassettenrekorder und mit einem Autor, der daraus ein Buch machen sollte, das so wirkte, als könne es nur vom Promi selbst verfasst worden sein. Das ist eine ziemlich gängige Praxis, da die meisten Promis, aber zumindest die meisten Schauspieler und Sportler eine Menge Probleme damit haben, mehr zu schreiben als die Worte »ich«, »mir«, »meine« oder »mehr«. Ich hatte geglaubt, dieses spezielle Promi-Buch unter Kontrolle zu haben. Der Ghostwriter hatte seine Sache ausgezeichnet gemacht, das Buch war unterhaltsam, und das Timing stimmte – diesem glücklichen Promi war es gelungen, heiß zu *bleiben*. Aber wie so oft bekam auch dieser Prominente kalte Füße. Als er das Buch ein letztes Mal las, bevor es in Druck gehen sollte, beschloss er, dass er, obwohl er uns bis jetzt stets versichert hatte, dass er das Buch toll fand, auf dem sein Name stand, all diese Dinge *auf keinen Fall* öffentlich sagen konnte. Wir würden es kürzen und umschreiben und die Dinge darin drastisch ändern müssen – oder er würde der Veröffentlichung nicht zustimmen. Würden wir es dennoch tun, dann würde er nicht für Werbemaßnahmen und Interviews zur Verfügung stehen, was unsere Chancen, das verdammte Ding zu verkaufen, zunichtegemacht hätte.

Dieser charmante Mann lebte in Santa Barbara, nur ein paar Autostunden von L. A. entfernt. Da ich gerade in der Nähe war, hatten die Mächte des Himmels entschieden, dass ich mich ins Auto setzen, sofort die Küste rauffahren und mich an die Arbeit machen sollte. Mir blieben ganze fünf Tage, um das Buch komplett umzuschreiben, damit wir es noch rechtzeitig in Druck geben konnten.

Kein Problem.

Streichen Sie das … Riesenproblem.

Da unser Promi bereits ziemlich hysterisch war und da ich in seinem Haus wohnen würde – ein weiteres, nicht ganz so großes Problem war, dass dieser Typ so viel trank, dass wir beschlossen, dass ich vierundzwanzig Stunden am Stück bei ihm bleiben musste, weil wir sonst niemals fertig werden würden –, wusste ich nicht, was zur Hölle ich mit Norton tun sollte. Mein Autor war so neben der Spur, dass er mich vielleicht mit der Behauptung, eine Katzenallergie zu haben, einfach aus dem Haus werfen würde, und dann hätte ich meine Mission nicht erfolgreich zu Ende führen können.

Mir fiel nur eine Lösung ein.

Meine Mutter schluckte, war jedoch bereit, Norton für die fünf Tage, die ich in Santa Barbara sein würde, bei ihnen wohnen zu lassen.

»Willst du das nicht lieber … hmm … auch noch mit

Dad besprechen?«, fragte ich schwach. »Nur zur Sicherheit?«

»Nein«, erklärte meine mutige Mutter. »Ich glaube, es ist besser, wir überraschen ihn damit.«

Da musste ich ihr Recht geben. Und so brachte ich Norton, während mein Vater bei einem Meeting war, so schnell wie möglich zum Haus meiner Eltern, fuhr so schnell wie möglich weiter und stellte mich den wahrscheinlich schlimmsten fünf Tagen meines Lebens – was jedoch immer noch besser war, als in der Nähe meines Vaters zu sein, wenn er herausfand, dass er eine Woche lang mit Norton zusammenleben musste.

Ich hatte Recht. Als ich an diesem Abend anrief, erzählte mir meine Mom, dass es nicht so gut gelaufen war, wie sie gehofft hatte. Dass meine Mutter das eingestand, bedeutete, dass es in ihrem Haus am Hazen Drive ungefähr so aussah wie in Nagasaki nach dem Bombenangriff. Sie versicherte mir jedoch, dass Norton noch da war – und dass er immer noch bleiben durfte.

Als ich am zweiten Abend anrief, berichtete sie, dass Norton einige Zeit auf der Couch im Schlafzimmer meiner Eltern verbracht und mein Vater ihn nicht rausgeschmissen hatte.

Am dritten Abend war ich wegen des beleidigten Autors mental schon so abgestumpft, dass ich sicher war, mich verhört zu haben, als meine Mutter die Worte sagte: »Dein Vater findet, dass Norton ziemlich hübsch ist – für eine Katze.«

Am vierten Abend nahm ich an, dass mich das Umschreiben von fünfzig Seiten am Tag halluzinieren ließ, weil ich sicher war, dass meine Mutter gesagt hatte: »Norton hat diese Nacht bei uns geschlafen.«

Am fünften Abend war ich zu erschöpft, um überhaupt

anzurufen. Ich beendete das Umschreiben gegen fünf Uhr in der Früh, packte das Manuskript in meinen Koffer und rannte zum Auto. Ich kam um sieben Uhr morgens in L. A. an.

Meine Mutter, die jeden Tag um sechs Uhr aufsteht, war schon wach. Ich küsste sie zur Begrüßung und erkundigte mich nervös nach meiner Katze. Sie lächelte, bedeutete mir, leise zu sein, und führte mich die Treppe hinauf in ihr Schlafzimmer. Dort sah ich das großartigste Bild, das ich jemals zu Gesicht bekommen hatte.

Auf dem Bett schlief mein Vater friedlich unter seiner Decke. Auf seiner Brust, oben auf den Laken, lag Norton, der ebenfalls schlief. Der Arm meines Vaters lag oben auf dem Laken, und seine Hand ruhte sanft auf Nortons Rücken.

Wir schlichen uns wieder aus dem Zimmer, und meine Mutter erzählte mir, dass Norton sich im Laufe der Tage immer näher an meinen Vater herangepirscht hatte. Zuerst hatte mein Vater ihn weggescheucht. Doch Norton gab nicht nach, und irgendwann erwachte das Interesse meines Vaters. Und als der arme Kerl schwächer wurde, schlug Norton endgültig zu. In der fünften Nacht brachte er meinen Vater dazu, ihn stundenlang zu streicheln, während er direkt auf seiner Brust lag. So schliefen sie ein. Meine Mom berichtete mir, dass mein Dad Norton tatsächlich einen Gute-Nacht-Kuss gegeben hatte.

Ich trank eine Tasse Kaffee und wartete darauf, dass die beiden Kumpel aufwachten. Norton freute sich, mich zu sehen, aber nicht mal annähernd so sehr, wie er gesollt hätte. Und mein Dad sprach nur davon, wie unglaublich es war, Norton beim Schnurren zuzuhören. »Er fühlt sich hier offenbar wohl«, sagte er immer wieder. »Er hat die ganze Zeit geschnurrt.«

»Ich glaube auch, dass es ihm hier gefällt«, stimmte meine Mutter zu.

Die letzten Worte, die mein Vater zu mir sagte, bevor ich zum Flughafen fuhr, waren: »Wann kommt ihr wieder?«

»Ich schätze, in einem Monat oder so«, erklärte ich ihm. »Warum?«

Er streichelte Norton. »Bist du sicher, dass du ihn bis dahin nicht einfach hierlassen willst?«

6. Kapitel

Die Katze, die sich verabredete

Als ich aus Kalifornien zurückkehrte, passierten zwei einschneidende – und miteinander zusammenhängende – Dinge: Norton entdeckte Pounce. Und ich entdeckte das fast vergessene, eher unerfreuliche, aber zweifellos aufregende Ritual der modernen Partnersuche wieder.

Pounce, für diejenigen von Ihnen, die diese göttliche Katzen-Speise nicht kennen, sind kleine mundgerechte Häppchen in Keksform. Sie sind wirklich ungesund, die Pralinen für die anspruchsvolle Katze. Pounce ist in kleinen Kartons in verschiedenen Farben erhältlich, die kennzeichnen, ob es sich um welche mit Hühnchen-, Leber-, Shrimps- oder Rindergeschmack handelt. Ich entdeckte sie eines Nachmittags im Regal des Supermarkts, und weil ich meinem grauen Begleiter gerne mal etwas Neues biete, beschloss ich, eine Packung mit nach Hause zu nehmen und auszuprobieren.

An diesem Abend gab ich Norton, bevor ich ins Bett ging, zwei Pounce (Pouncen? Pince??), dann stellte ich die Packung zurück in den Küchenschrank. Ich zog mich aus und las noch etwas für die Arbeit. Nach ungefähr einer Stunde war ich bereit, das Licht auszumachen. Norton lag nicht auf seinem üblichen Platz auf dem Kissen neben mir, also rief ich ihn. Wie immer kam er angerannt und sprang aufs Bett. Aber er legte sich nicht, wie sonst, direkt zum Schlafen hin. Stattdessen drehte er sich unruhig und stupste mich mit der Nase ins Gesicht, bis mir klar wurde, dass er mir damit etwas sagen wollte. Ich hatte das Gefühl, als wäre ich mitten in einer Lassie-Folge, als ich schließlich aufstand und Norton folgte. Allerdings versuchte er nicht, mir zu sagen, dass Timmy in Gefahr war. Er versuchte mir zu sagen, dass er noch ein Pounce wollte.

Ich öffnete gehorsam den Schrank, gab ihm noch eins, sagte ihm, dass dieses Verhalten nicht in Ordnung war und er es sich nicht angewöhnen sollte, dann ging ich wieder ins Bett. Am Morgen wachte ich auf, streckte mich und tastete nach dem vertrauten Kinn, um es zu kraulen – aber da war nichts. Irgendwie – ich bin sicher, dass mich die Tatsache, wie sehr Norton und ich inzwischen auf einer Wellenlänge sind, ein bisschen nervös machen sollte – wusste ich, wo er war. Mein Instinkt wurde bestätigt, als ich aufstand: Norton saß auf der Arbeitsplatte in der Küche, starrte hungrig auf den Schrank, in dem die Pounce-Schachtel stand, und kratzte kläglich an der Tür.

Ich gab ihm noch zwei Kekse, und so begann ein tägliches Ritual, das bis heute anhält. Jeden Morgen, bevor ich zur Arbeit gehe, erhält Norton von mir noch zwei oder drei Pounce-Leckerlis. Jeden Abend, bevor ich ins Bett gehe, bekommt er noch zwei oder drei mehr. Ich habe keine Ahnung, warum ihm das Zeug so gut schmeckt. Womöglich liegt es an der leckeren prägelatinierten Stärke oder am ebenso köstlichen Eisensulfat. Ich weiß nur, dass meine Katze ganz wild auf das Zeug ist. Zwischen seinem Guten-Morgen- und dem Gute-Nacht-Snack scheint Norton extrem viel Zeit damit zu verbringen, sich einen Weg in meinen Küchenschrank zu graben, um an das Pounce zu gelangen. Den Kratzspuren auf dem Holzfurnier nach zu urteilen, hat er vor, dem Grafen von Monte Christo in dieser Hinsicht Konkurrenz zu machen. Ich denke, in ein paar Monaten wird ihm der Durchbruch gelingen, dann hat er entweder die Packung Pounce oder die Nachbarwohnung erreicht.

Für den Fall, dass Sie Nortons Vorliebe für Katzen-Süßigkeiten noch nicht mit dem Titel dieses Kapitels in Verbindung bringen können, stellen Sie sich die Frauen während dieses Abschnitts meines Lebens einfach als mein Pounce vor.

Zum ersten Mal seit mehreren Jahren war ich ungebunden. Das war ein sehr merkwürdiges Gefühl. Sosehr Cindy und ich uns auch gegen das Konzept einer Beziehung gewehrt hatten, ließ sich doch nicht leugnen, dass wir ein waschechtes Paar gewesen waren – und zwar für eine lange Zeit. Als solches hatten wir unseren eigenen Alltag gehabt und waren in den Alltag des anderen integriert gewesen.

Wir hatten verabredet, dass es, obwohl wir den anderen nicht zu jedem gesellschaftlichen Termin mitnehmen mussten, Situationen gab, in denen die Anwesenheit des anderen zwingend notwendig war. Wenn etwas besonders Schönes oder Interessantes passierte, von dem ich wusste, dass es ihr gefallen würde (oder natürlich umgekehrt), dann hatten sie (oder ich) Vorrang. Das Gleiche galt, wenn etwas Wichtiges, schrecklich Langweiliges oder Furchtbares in unserem gesellschaftlichen Kalender auftauchte, eine Situation, wo einer von uns die Unterstützung des anderen brauchte. Auf der anderen Seite gab es bei normalen, alltäglichen Terminen keine Verpflichtung, den anderen zu begleiten – egal ob wir jemanden einluden oder irgendwo eingeladen waren. Wenn ich Karten für die Premiere des neuen Sondheim-Musicals hatte, dann *musste* Cindy mich begleiten. Wenn ich von einem befreundeten Schauspieler eingeladen wurde, der bei der Sommertheateraufführung von *Six Rms Rv View* mitmachte, dann konnte ich jemand anderes fragen, wenn ich wollte. Wenn Cindy zu einer langweiligen Hochzeit eingeladen wurde, für die sie zweieinhalb Stunden nach New Jersey reinfahren musste, dann war ich dabei. Wenn dagegen eines ihrer halblangweiligen monatlichen Essen mit ihrem Onkel anstand, der – lautstark – darauf bestand, dass die Leute ihn ständig auf der Straße ansprachen, weil sie ihn mit dem Regisseur Rouben Mamoulian verwechselten, dann freute sie sich, wenn ich mitkam, aber ich *musste* nicht. Damals ergab das einen Sinn, und für uns funktionierte es, zumindest für eine Weile. (Ich habe sogar erstaunlich oft mit Onkel Max gegessen, aber nie kam in meiner Gegenwart jemand an unseren Tisch und nannte ihn Mr. Mamoulian. Er mochte mich, weil ich der Einzige war, den er kannte, der – abgesehen von diesen angeblichen Fremden auf der Straße – tatsächlich wusste, wie Rouben Mamoulian aussah. Für den Fall, dass Sie sich das fragen, ja, er hätte sein Doppelgänger sein können.) Als das Verabredungs-Arrangement mit Cindy jedoch *aufhörte* zu funktionieren, musste ich mich erst wieder daran gewöhnen, mir einen Partner für meine gesellschaftlichen Verpflichtungen zu suchen, wenn ich nicht allein hingehen wollte. Denn sosehr Norton die Premiere von *Cats* genossen hätte, glaube ich nicht, dass er mit Theateraufführungen oder besonders vielen Wohltätigkeitsveranstaltungen klargekommen wäre.

Ich glaube, ich bin mit der Trennung von Cindy ganz

gut umgegangen. Am Abend, als es passierte, ging ich zurück in meine Wohnung und weinte ausgiebig. Norton lag auf dem Bett und ließ sich von mir streicheln und umarmen, so viel ich wollte. Er sah mich die ganze Zeit über besorgt an, als versuche er herauszufinden, was um alles in der Welt passiert war. Ich schätze, ich kann nicht behaupten, dass er es tatsächlich begriff, aber er schnurrte besonders lange, eine offene Einladung für mich, den Kopf auf seinen Bauch zu legen und ihn als Kissen zu benutzen, was ich für eine ziemlich lange Zeit dankbar tat.

Als ich mich endlich wieder in der Lage fühlte, mit einem Menschen zu sprechen, rief ich meinen ältesten Freund, Paul Eagle, in Los Angeles an. Paul war jedoch nicht da, also musste ich mit seinem Anrufbeantworter sprechen. Ich hinterließ eine Nachricht, so etwas Subtiles wie: »Hi, ich bin's. Ich wollte mich nur mal melden. Was sagst du zu den Giants, hm? Die Rams sind scheiße. Oh, und übrigens, Cindy hat mich verlassen, und ich bin derzeit selbstmordgefährdet. Ruf mich an.«

Der Nächste auf meiner Liste war mein Bruder Eric, ebenfalls in Los Angeles. Die Nachricht, die ich auf seinem Anrufbeantworter hinterließ, war ein bisschen rationaler: »Hey. Ich rufe nur an, um dir zu sagen, dass ich alle Frauen hasse. Wir reden später.«

Nach dem Heulen, dem beruhigenden Schnurren und dem emotionalen Trauma der Ereignisse des Tages war ich jetzt bereit, schlafen zu gehen. Tatsächlich freute ich mich darauf, mehrere Stunden lang im Dunkeln zu liegen, mit geisterhaftem Blick vor mich hin zu starren und über die Sinnlosigkeit des Lebens nachzudenken, gefolgt von einer Phase von Alpträumen. Das klang endlich mal nach Spaß. Also schaltete ich das Licht aus, umarmte und küsste Norton noch ein letztes Mal und begann zu leiden.

Ich hatte ungefähr anderthalb Minuten gelitten, als das Telefon klingelte. Ich schaltete das Licht wieder an und hob den Hörer ab. Es war Eric, mein Bruder, der die Hysterie in meiner Stimme herausgehört hatte und jetzt wissen wollte, was los war. Ich erzählte es ihm. Die ganze Geschichte. Alles laut auszusprechen und nicht nur in Gedanken durchzuspielen, ließ mich wieder weinen. Als ich fertig war, fing Eric an, verständnisvoll zu sein.

Dazu müssen Sie Folgendes wissen: Mein Bruder ist ein toller Kerl, und wir standen uns schon immer sehr nah. Aber er lebt in L. A. Er ist Drehbuchautor. *Und* er war schon mal beim Psychiater (und, noch schlimmer, auf der Schauspielschule). Das alles zusammengenommen macht ihn zu einem Menschen, der unglaublich *gerne* verständnisvoll ist. Er liebt es, Leute zu umarmen, seine Gefühle auszudrücken und ihnen zu sagen, dass er sie liebt.

Das ist zwar alles ganz nett, muss ich sagen, nur dass ich *nicht* so bin. Ich umarme Menschen nicht gerne, es sei denn, es besteht die Möglichkeit, Körperflüssigkeiten auszutauschen. Und ich halte meine Gefühle nicht für besonders interessant; sie jemandem mitzuteilen ist für mich ungefähr so reizvoll, wie mir mit einem Profiboxer den Zahnersatz zu teilen. Außerdem habe ich festgestellt, dass die Leute gar nicht wirklich wissen wollen, wie man sich gerade fühlt. Sie wollen *ihre* Gefühle mitteilen und dann von einem hören, dass man genauso empfindet. Deshalb zeige ich meine Gefühle lieber, als darüber zu sprechen.

Dennoch konnte ich mich über das Verständnis meines Bruders wirklich nicht beschweren. Ich hatte ihm gerade mein Herz ausgeschüttet. Da konnte ich ein bisschen aufrichtige emotionale Zuwendung durchaus vertragen.

Also erklärte Eric mir, dass er für mich da sein würde. Er versicherte mir, dass er mich liebte. Er sagte mir, wie leid es ihm täte, dass das mit Cindy passiert war, betonte aber gleichzeitig, dass er froh war, weil es ihm die Gelegenheit gab, mir zu sagen, wie sehr er mich liebte, was er nicht oft genug tat. Ich wusste meinerseits alle diese Gefühle zu schätzen, abgesehen vielleicht vom letzten Punkt, der für mich ein bisschen zu weit ging, deshalb erklärte ich ihm, dass ich ihn auch liebte, was ich auf jeden Fall tue.

Nachdem wir eine halbe Stunde lang so miteinander gesprochen hatten, legten wir auf.

Ich war jetzt erschöpft. All dieses Mitteilen von Gefühlen hatte mir viel abverlangt.

Das Licht ging aus, mein Kopf traf auf das Kopfkissen, meine Augen schlossen sich. Der Schlaf war nah.

Aber nicht nah genug. Das Telefon klingelte erneut.

Es war Eric. Er fragte mich, ob er zu mir kommen sollte. Damit ich nicht allein war. Ich war wirklich gerührt von seinem Angebot, aber ich sagte ihm, dass es nicht nötig war. Ich hatte in New York eine Menge Leute, mit denen ich meine Gefühle teilen konnte, wenn ich das wirklich für nötig hielt.

»Ich liebe dich«, sagte er.

»Ich weiß«, sagte ich, bevor ich auflegte. »Danke nochmal.«

Ich glaube, ich war tatsächlich für etwa dreißig oder vierzig Sekunden eingenickt, bevor das Telefon erneut klingelte. Jetzt war es nach zwei Uhr morgens.

»Was?«, seufzte ich ins Telefon.

»Pete«, sagte Eric, »ich hoffe wirklich, dass du mir glaubst, dass ich für dich da bin, absolut jederzeit.«

»Das glaube ich dir«, versicherte ich. »Absolut jederzeit.«

»Ich mache mir solche Sorgen. Du klingst nicht gut.«

»Na ja, ich bin jetzt ziemlich müde. Morgen früh klinge ich bestimmt schon *viel* besser. Nachdem ich geschlafen habe.«

»Bist du sicher?«

»Ziemlich sicher. Ich brauche jetzt wirklich Schlaf.«

»Ich liebe dich«, wiederholte Eric. »Das tue ich wirklich.«

»Gute Nacht«, sagte ich.

Diesmal machte ich mir nicht mal die Mühe, es zu versuchen. Ich saß im Bett, das Licht an, steif wie ein Brett, und wartete. Ich musste nicht lange warten.

»Jap«, sagte ich ins Telefon.

Diesmal war es Paul. Er hatte gerade meine Nachricht abgehört. Er war überrascht, wie deprimiert ich klang, und wollte wissen, was genau passiert war. Zu diesem Zeitpunkt war ich jedoch zu erschöpft und zu unleidig, um ins Detail zu gehen. Außerdem hatte ich mein Herz schon ausgeschüttet; zweimal pro Tag war das fast unmöglich. Also erklärte ich ihm, dass ich ihm nur die Kurzfassung bieten konnte und ihm am nächsten Morgen noch mal alles genauer schildern würde. Er verstand, und ich setzte ihn schnell über meine Trennung von Cindy ins Bild: Urlaub in England, kein Urlaub in England, böser Arzt, weinen, weinen, schnurren und weinen, Anruf, Anruf, Anruf, ich liebe dich, ich bin für dich da, ich liebe dich, müde, Ende.

Paul bemitleidete mich für die genau richtige Zeitspanne – ungefähr fünfzehn Sekunden lang –, dann verabschiedete er sich. Doch bevor ich auflegen konnte, gelang ihm noch ein kurzes »Ich liebe dich«.

Ich saß eine Minute lang im Bett, die Lichter noch an, und wartete. Ich kannte meinen Freund Paul. Dieser Situation würde er nur schwer widerstehen können. Schließlich war dies der Mann, der einmal, als ich ihn aus New York anrief, um ihn zu fragen, ob er mir die Nummer von einem Blumenladen in L. A. raussuchen konnte, weil ich meiner Mutter Blumen zum Muttertag schicken wollte, eine große Sache daraus gemacht hatte und mich mehrere Minuten warten ließ, um mir dann die Nummer einer Zoohandlung zu geben. Als ich ihn zurückrief, damit er mir die richtige Nummer gab, und ihn anschrie, dass ich mich völlig lächerlich gemacht hätte, weil ich bei Phil of Phil's Pet Parlor einen Strauß Rosen hatte bestellen wollen, entschuldigte er sich für seinen kindischen Humor, blätterte die Gelben Seiten durch und gab mir eine andere Nummer – die eines Bowling-Centers. Ich wusste, dass meine Telefonrechnung horrend sein würde, aber ich rief ihn erneut an, um ihn nochmal anzuschreien, und er schwor, es diesmal richtig zu machen – und gab mir die Nummer von einem koreanischen Massagesalon. Also war ich ziemlich sicher, dass er bestimmt nicht widerstehen konnte, mit einem zweiten Anruf auf meinen Moment der Verzweiflung zu reagieren. Diese Gelegenheit würde er sich nicht entgehen lassen.

Ich hatte Recht. Nach zwei Minuten klingelte das Telefon. Misstrauisch meldete ich mich.

»Rufst du mich an, um mir zu sagen, dass du mich liebst?«, fragte ich.

»Woher wusstest du das?«, antwortete eine Frauenstimme.

»Wer spricht da?«, fragte ich.

»Laurie.«

Pauls Frau. Sie liebe mich so sehr wie Eric, sagte sie.

Aber nicht so sehr wie die nächste Person, ein alter Collegefreund von Paul, der mich in dem Moment anrief, in dem ich auflegte. Und dieser alte Freund liebte mich nicht annähernd so sehr wie die nächsten drei alten Freunde, die anriefen. Als Paul sich schließlich noch mal meldete, um mir mitzuteilen, dass er nach längerer Überlegung festgestellt hatte, dass er mich zwar sehr *mochte*, Cindy jedoch *liebte*, beschloss ich, dass meine Phase der Trauer um Cindy so gut wie abgeschlossen war.

Mir ist klar, dass das sehr kurz wirkt – eine Nacht der Trauer nach mehreren Jahren der Liebe –, aber ich muss sagen, dass ich trotz des emotionalen Aufruhrs auch eine gewisse Erleichterung empfand, dass die Beziehung zu Ende war. Es fühlte sich an, als wäre ich wiedergeboren worden, obwohl es, zugegeben, ein bisschen so war, als wäre man mit einem allumfassenden Gefühl der Traurigkeit ins Leben zurückgekehrt. Um diese Trauer abzuschütteln, fing ich sofort an, allen meinen Alleinstehender-Mann-Fantasien nachzugeben: Ich kaufte mir mehrere Packungen Frosties und Choco-Pops und aß Schüsseln von dem Zeug zum Abendessen – ohne einen Teller Gemüse dazu. Ich kam auf der Fernbedienung nicht mal in die Nähe der öffentlich-rechtlichen Sender und sah mir quasi jede Minute des Tages nur Sport an. (Ich merkte, dass ich es ein bisschen übertrieben hatte, als ich – heftig – mitfieberte, welche Frau das Dinah-Shore-Open-Golfturnier gewinnen würde.) Ich machte mein Bett nicht. Und ich ließ all die kleinen Bartstoppeln nach dem Rasieren im Waschbecken liegen – tagelang.

Natürlich kamen irgendwann andere Fantasien und Sehnsüchte hinzu. Und es dauerte nicht lange, da kratzte ich am Küchenschrank, weil ich unbedingt eine Frau wollte.

Ich war zu diesem Zeitpunkt eigentlich nicht auf der

Suche nach etwas Ernstem oder Dauerhaftem. Ich war mehr an seicht und oberflächlich und vorzugsweise verschwitzt interessiert.

Mit Verabredungen hatte ich es nicht so. Die Leute meiner Generation verabredeten sich nicht. Wir trafen uns miteinander, machten was zusammen, setzten Bänke in Brand, nahmen psychedelische Drogen und rollten miteinander durchs Wasserbett, aber wir verabredeten uns nicht. Das war eine ganz neue Erfahrung, und ich war entschlossen, das Beste daraus zu machen.

Das Erste, was ich lernte, war, dass attraktive Frauen (und damit meine ich die, auf die folgende, ein wenig eingeschränkte Definition passt: Models, Schauspielerinnen und alle Frauen, die einen eigenen Jeep fahren und nicht Gutty, Rocky oder Gertie heißen) gerne mit Schriftstellern ausgehen. Allerdings nicht alle. Ein paar gehen auch gerne mit Investmentbankern oder sehr hässlichen Rockstars oder Fotografen aus, die nur Vor- oder Nachnamen haben, nicht beides, aber im Großen und Ganzen finden sie Schriftsteller intelligent, und sie fühlen sich zu intelligenten Männern hingezogen. Das trifft sich gut, weil mir aufgefallen ist, dass die meisten Schriftsteller gerne mit attraktiven Frauen ausgehen. Tatsächlich würde ich sogar die gewagte These aufstellen, dass männliche Schriftsteller, abgesehen vielleicht von Vaclav Havel und Oscar Wilde, *nur* schreiben, um Frauen zu beeindrucken. Warum sonst sollten sie sich den Qualen einsamer Tage aussetzen, in denen sie versuchen, etwas Kreatives zu schaffen, ganz zu schweigen von einem ganzen Leben in Armut, in dem sie noch dazu meistens verspottet werden? Es geschieht alles in der Hoffnung, dass eine Ophelia, eine Emma oder eine Daisy in einer Bar auf sie zukommt und sagt: »Entschuldigen

Sie, sind Sie nicht Fjodor Dostojewski? Ich *liebe* die *Brüder Karamasow*. Dieser Alijoscha ist total sexy. Stimmt es, dass Schriftsteller immer sich selbst zum Vorbild für ihre Figuren nehmen?«

Models stehen auf Intellektuelle, glaube ich, weil sie ihre eigene Schönheit nicht respektieren. Wie könnten sie? Sie sind den ganzen Tag mit Frauen zusammen, die sogar noch schöner sind als sie selbst. Wo ich Perfektion sehe, sehen sie Haare, die nicht so voll sind wie Paulinas. Ich sehe wohlgeformte Anmut, sie sehen Haut, die nicht ganz so glatt ist wie Christies. Ihre Schönheit ist für sie kein Geheimnis, hat keinen Reiz, weil sie es als etwas sehen, das sie nicht kontrollieren können. Es ist ein äußerliches, künstliches Attribut. Schriftsteller dagegen sind große Verehrer der Schönheit. Das liegt zum Teil daran, dass die meisten von uns hässliche kleine Ratten mit schiefer Haltung und vorstehenden Zähnen sind, die sich nur wegen der Dinge für wertvoll halten, die aus ihrem Inneren kommen. Und es liegt zum Teil daran, dass wir fast unser ganzes Leben vor einem Computer verbringen und verzweifelt versuchen, Schönheit zu *schaffen* – und wir wissen, wie schwierig, wie fast unmöglich und absolut höllisch das ist.

Also … ist es nur natürlich, dass Schriftsteller auf attraktive Frauen stehen und attraktive Frauen auf Schriftsteller. Aber es gibt noch eine andere Sache, auf die Frauen oft stehen und um die sie viel Aufhebens machen und bei deren Anblick sie augenblicklich dahinschmelzen.

Geeenaaauuu.

Süße graue Katzen mit runden Köpfen und gefalteten Ohren.

Halleluja.

Der erste Schritt zur Restrukturierung meines sozialen Lebens war der Entschluss, sich nach einem Haus für den Sommer umzusehen. Das kleine blaue Haus in Fair Harbor war nie *mein* Haus gewesen, sondern immer unser Haus. Cindy und ich hatten es zusammen entdeckt und es zusammen genossen.

Es erschien mir nicht richtig, mit Norton und ohne sie und Marlowe dorthin zurückzukehren.

Und hier kommt Norm Stiles ins Spiel, ein Mann, der bestimmt in die Geschichte von Fire Island eingehen wird.

Als langjähriger Freund war Norm ein paarmal in verschiedenen Sommern bei uns auf Fire Island zu Gast gewesen. Jetzt hatte er beschlossen, dass es Zeit wurde, den nächsten Schritt zu tun und regelmäßig an den Wochenenden dorthin zu fahren. Er fragte mich, ob ich mir mit ihm ein Haus teilen wollte.

Je länger ich darüber nachdachte, desto besser gefiel mir die Idee. Es war sicher schön, in einem großen Haus anstatt in einem kleinen blauen Puppenstübchen zu wohnen. Und es war toll, einen festen Tennispartner zu haben. Wir konnten Partys feiern – echte Menschen, die raus zu Petes und Norms Haus kamen, um Spaß zu haben und sich zu erholen. Außerdem kochte ich gerne, und Norm meinte, er würde gerne putzen.

Abgemacht.

Wir mieteten nicht nur ein größeres Haus, wir nahmen auch eines, das wir kannten. David, mein Schreibpartner, und Diana hatten beschlossen, dass es Zeit wurde, sich in Connecticut niederzulassen, also zogen wir in ihr Haus. Norton wusste den Umzug in gerade dieses Haus besonders zu schätzen, denn er wusste ja bereits, wie man es von allen Seiten aus erreichte. Bedenken hatte er nur wegen eines bestimmten Blauhähers, der dort lebte. Dieser Vogel hatte meinen Kater auf dem Kieker und flog laut schimpfend um ihn herum, wobei er manchmal hinunter stieß und Norton auf den Kopf pickte. Norton *hasste* diesen Vogel. Ich versuchte immer, ihm zu erklären, dass er die Katze war und eigentlich den gefiederten Stänkerer jagen sollte, aber meine aufmunternden Worte stießen auf taube Ohren. Bis zu dem Tag, an dem wir Fire Island verließen, hatte Norton vor diesem Vogel einen Heidenrespekt.

Mein erstes Gefühl, was den Umzug betraf, bestätigte sich. Ein größeres Haus zu haben war ein schöner Luxus. Norm und ich wetteiferten im Tennis gegeneinander. Ich lernte, wie man ein tolles Grillhühnchen macht, und Norm stellte sich als der beste Geschirrspüler-Vollpacker heraus, den ich jemals gesehen habe. (Ich schwöre, es kam einem vor, als könnte er fast das ganze Haus inklusive der Wohnzimmercouch darin unterbringen). Das Einzige, an das ich mich gewöhnen musste, waren die Menschen.

Ich wohnte jetzt schon den vierten Sommer in Fair Harbor. Während dieser Zeit hatte ich nur die beiden Typen, die den Supermarkt führten, die Rockette-Lady und meine Auszeit vom Schreiben – die Kaffeeklatsch-Damen – kennengelernt. Das liegt zu einem guten Teil, wie Sie sicher bereits gemerkt haben, an der Tatsache, dass ich neue, enge Freundschaften ungefähr so herzlich willkommen heiße wie die Leute im 18. Jahrhundert Aussätzige. Norm dagegen war ungefähr anderthalb Minuten Wochenendgast gewesen, als er schon jeden einzelnen Einwohner, die meisten der regelmäßigen Gäste und die persönlichen Vorlieben von allen kannte. Mit Norm über die Straße zu gehen war eine überraschende Erfahrung. Der Grad seiner Beliebtheit war so hoch, dass ich ihn

»Bürgermeister« nannte, wie in »Bürgermeister von Fair Harbor«.

»Hey, Norm! Wie geht's?«

Ich kam einfach nicht über die Tatsache hinweg, dass fast völlig Fremde einfach stehen blieben und ihm auf die Schulter klopften. Frauen scharten sich um ihn. Norm ist der Hauptautor der »Sesamstraße«, was, zusätzlich dazu, dass es sich um den besten Job der Welt handelt, bedeutet, dass Frauen ihn automatisch für intelligent, sensibel und lustig halten. Er ist all das – obwohl, sollten Sie ihm begegnen, fragen Sie ihn doch mal, was er an jenem Abend mit dem Fernglas auf der Veranda gemacht hat.

»Norman, du warst ja ganz schön wild letzte Nacht! Gehen wir heute Abend wieder in die Disco?«

Bei dieser Bemerkung musste ich stehen bleiben und ihn fragen, wo zur Hölle man in Fair Harbor in die Disco gehen konnte. Norm erklärte mir, dass das Restaurant um elf Uhr abends in einen Club umgewandelt wurde. Schockiert fragte ich, seit wann das denn so sei, seit ein oder zwei Wochen? Nein, meinte Norm – seit vier Jahren.

Tja. Scheinbar blieb ich im Sommer selten länger auf als zehn Uhr.

Ein kleiner Kerl, der sich im Gegensatz dazu ziemlich herumgetrieben *hatte*, war ein gewisser charmanter Scottish-Fold-Kater.

Norton begleitete Norm und mich normalerweise auf dem Weg zum Tennisplatz oder zum Supermarkt oder zum Strand. Es war unglaublich, wie viele Leute aus Fair Harbor ihn kannten. Es kam einem vor, als würde jeder Zweite, dem wir begegneten, zuerst Norm Guten Tag sagen und dann Norton sehr herzlich begrüßen – mit Namen – und dann mich irritiert ansehen, als wenn er sagen wollte: »Hm, dieser Typ kommt mir irgendwie bekannt vor. Oder, nein, doch nicht.«

Manchmal begann ich ein Gespräch und erkundigte mich, woher diese Menschen meine Katze kannten. Die übliche Antwort lautete: »Oh, er kommt uns immer besuchen.«

Wenn die Leute mich direkt ansprachen, dann sagten sie normalerweise: »Oh, dann sind Sie der Typ, von dem Norm uns erzählt hat. Stimmt es, dass Sie sich weigern, Ihre Veranda zu verlassen?«, oder, meine Lieblingsbemerkung, »Ohhh, Sie sind Nortons Dad!« Erst nachdem viele Leute ihn auf unseren Spaziergängen mit Namen angesprochen hatten, fiel mir ein, dass er keine Namensplakette trug. Was bedeutete, dass sie seinen Namen gar nicht wissen konnten, es sei denn, er *unterhielt* sich mit meinen Nachbarn, wenn er sie besuchte.

Ich beschloss, diesen Gedanken nicht weiterzuverfolgen. Das kam mir nicht gesund vor.

»Normie, sehen wir uns ce soir *beim Sixish?«*

Das muss ich vermutlich etwas näher erläutern.

Jeden Freitag- und Samstagabend wiederholte sich in Fair Harbor ein merkwürdiges und unheimliches, an Stephen King erinnerndes Ritual. Während ich auf meiner Veranda saß und ohne Schuhe ganz entspannt mein Bier trank, sah ich Horden von Menschen, die angezogen waren, als wollten sie zu einer Ballettaufführung – oder, schlimmstenfalls, zu einem »Miami Vice«-Casting –, an mir vorbei in Richtung Hafen ziehen. Die meisten Frauen trugen so viel Make-up, dass sie im japanischen Kabuki-Theater hätten auftreten können. Die meisten Männer trugen Hemden, die so viele Haare auf ihrer Brust, ihren Schultern und ihren Rücken enthüllten, dass man damit den Rasen eines kleineren Baseball-Stadiums wieder hätte auffüllen können. Sie hielten alle einen Drink in der Hand, und ihre Arme hielten sie alle in einem 45-Grad-Winkel, vermutlich dem besten Winkel, um Verschütten zu vermeiden.

Erst als Norm da war, um mich in die Geheimnisse von Fair Harbor einzuweihen, verstand ich wirklich, wovon ich da eigentlich Zeuge wurde.

Im Hafen konnte man den Sonnenuntergang am besten beobachten. Also versammelten sich die Leute aus der Stadt alle dort unter dem Vorwand, das Naturschauspiel bewundern zu wollen, während sie in Wahrheit verzweifelt nach einem Mitglied des anderen Geschlechts suchten, das keinen Sonnenbrand hatte, um die Nacht mit ihm oder ihr zu verbringen. Diese Treffen begannen in der Regel um sechs Uhr abends herum, und so hielt das reizende Wort »Sixish« Einzug in unser Vokabular.

Es gab die normalen *Sixishs* und die besonderen (wie das am 4. Juli, wo es nicht nur ein Feuerwerk gab, sondern auch Händler aus der Gegend Fotografien, Schmuck, T-Shirts und personalisierte Kadima-Schläger anboten), und es gab *Sixishs*, die unter einem Motto standen. Es hatte schon etwas Ehrfurchteinflößendes, wenn beim jährlichen *Animal House*-Sixish ziemlich erfolgreiche Anwälte, Verleger, Makler oder was auch immer in Togen herumstanden und Bier tranken, sich dabei nach einem bereitwilligen Partner umsahen und dabei »Par – ty ... Par – ty« skandierten.

Obwohl ich wusste, dass es nichts für mich war, begleitete ich Norm irgendwann zu einem Sixish. Ich war nicht gerne mit Leuten zusammen, die sich in Togen kleideten (selbst wenn sie damals keine Togen trugen, reichte es mir zu wissen, dass sie es irgendwann im Laufe des Sommers tun *würden*), aber ich beschloss, dass es etwas war, das ich tun musste. Schließlich sollte es ja der Beginn eines neuen Lebens sein.

Ich nahm Norton mit, weil ich dachte, er würde sich das gerne ansehen. Warum nicht – immerhin kannte er die meisten Leute, die dort sein würden, ja bereits.

Ich muss sagen, so richtig verstanden habe ich das nicht. Das ganze Konzept blieb mir fremd. Warum kommen Leute aus New York City – der Stress- und Modehauptstadt der Welt – an den schönsten, ruhigsten und entspannendsten Strand, den man sich vorstellen kann, und *erschaffen dort ein neues New York*? Warum sollte irgendjemand bei dreißig Grad an einem Samstagabend eine Strumpfhose tragen, wenn er nicht muss? Oder seidene Sportjacken? Warum trugen die Leute nicht Shorts und T-Shirt? Und warum haben so viele Menschen Angst davor, mal einen Abend allein zu verbringen? Warum will sich jemand nach fünf Tagen Geschiebe und Gedränge durch mehrere Millionen Menschen, die auf ein paar Quadratkilometern zusammengepfercht sind, mit ein paar Hundert der gleichen Leute auf ein paar Quadratmetern zusammenpferchen lassen?

Norton war ein richtiger Hit bei seinem ersten Sixish – er erhielt viele Komplimente, von alten Freunden genauso wie von neuen, über seine Ohren ebenso wie über seine Persönlichkeit. Ich war weniger der Hit. Niemand machte mir Komplimente wegen meiner Ohren oder meiner Persönlichkeit. Ich glaube, es gelang mir nicht so ganz, meine Verzweiflung über das Ausmaß an entblößter Zellulite zu verbergen. Es war, als befände ich mich plötzlich in Fitness-Guru Jack La Lannes persönlicher Hölle. (Für diejenigen unter Ihnen, die Norms Charme bereits erlegen sind und ihn für den viel Sensibleren von uns beiden halten, möchte ich bemerken, dass er sich nach meiner ersten Hafenerfahrung und meinem anschließenden Schockzustand die perfekte Sixish-Falle für ein Mitglied des anderen Geschlechts ausdachte: Zuerst bindet man ein Plunderteilchen an einen Faden. Die Sorte ist egal, obwohl es mit Kirsch-, Pflaumen- oder Quarkfüllung am besten funktioniert. Man lässt das Plunderteilchen beiläufig auf den Boden fallen. Wenn das ahnungslose Opfer sich danach bückt, weil er oder sie glaubt, einen kostenlosen Nachtisch ergattern zu können, zieht man an der Schnur und holt das köstliche Gebäckstück mehrere Meter näher an sein Haus heran. Das Opfer wird folgen. Das wiederholt man so lange wie nötig, bis man den armen Tropf im Wohnzimmer gefangen hat. Dieser einfache Trick funktioniert angeblich über eine Entfernung von drei Blocks. Um das Ergebnis zu optimieren, sollte man brennende Kerzen, mehrere gekühlte Daiquiris und ein paar Erdnuss-M&Ms zu Hause bereithalten.)

Norton schien zum Glück mein mangelndes Interesse an den *Sixish*-Treffen zu teilen. Es gab jedenfalls ganz sicher keine anderen Katzen, die er dort hätte kennenlernen können. Der einzige andere Vierbeiner war ein kleiner Schäferhund, dessen Vorstellung von Spaß es war, laut zu bellen und Norton in das Gebüsch neben dem Supermarkt zu jagen. Wir verließen die Veranstaltung, nachdem ich ein Gespräch zwischen Norm und einer Psychiaterin mitgehört hatte. Ihr Spezialgebiet waren Leute mit übersteigertem Selbstbewusstsein. »Manchmal«, sagte sie, »möchte ich diese Leute schütteln und sagen: Versteht ihr denn nicht? Ich bin die beste verdammte Psychiaterin in New York! Euch müsste es längst wieder viel besser gehen!«

Norton ließ sich nach diesem Erlebnis von mir tragen. Wir beide wollten so schnell wie möglich nach Hause.

Norm, Norton und ich teilten uns drei Jahre lang ein Sommerhaus. Norm stellte einen neuen Beliebtheitsrekord auf der Insel auf – ich mag den Gedanken, dass das Zusammenleben mit mir dabei geholfen haben könnte – und schrieb einige seiner besten Sketche für Oskar aus der Mülltonne. Norton durchlebte eine glückliche Entwicklung vom Kind zum Jugendlichen und dann jungen Erwachsenen und zeigte dabei all die typischen Charaktereigenschaften von Teenagern und jungen Menschen Anfang zwanzig. Er wusste plötzlich alles besser und wollte sich einfach nichts mehr von mir sagen lassen. Wenn es den ganzen Tag regnete und er raus wollte, waren alle meine Erklärungen, dass er sehr nass werden und sich dann sehr schlecht fühlen würde, buchstäblich für die Katz. Er bestand darauf, seine Erfahrungen selbst zu machen. Er wurde auch viel unabhängiger, blieb über Nacht draußen, wenn wir auf der Insel waren (oder *fast* die ganze Nacht – er miaute normalerweise gegen fünf Uhr morgens sehr laut nach mir, damit ich ihn wieder reinließ). Ich ließ ihn gewähren, weil ich davon ausging, dass er sich von der nächtlichen Disco fernhielt. Das wahrscheinlich traumatischste Ereignis während dieser Zeit war die Entfernung von Nortons … ähem … Männlichkeit. Obwohl ich ihn gerne Nachwuchs hätte zeugen lassen (ich versuche, von allen Großeltern-Vergleichen Abstand zu nehmen), beeindruckten mich alle, die schon mal eine Katze gehabt hatten, mit ihrer vehementen Überzeugung, alles zu vermeiden, was mit Fortpflanzung zu tun hatte. Es war der Gedanke an einen Kater (und Norton wurde während dieser Gedankengänge zu »einem Kater«, nicht »meinem Kater« oder »diesem süßen grauen Kerl« oder so etwas in der Art), der meine ganze Wohnung, meine Kleidung, meine Arbeit und mein Leben markiert, der mich schließlich einknicken ließ. Das wollte ich nicht. Also vereinbarte ich einen Termin und brachte ihn zum Tierarzt.

Nortons Tierarzt, der eine eigene Praxis im Village hat, sieht genauso aus wie der Weihnachtsmann. Er ist groß, fröhlich, hat lange weiße Haare und einen weißen Bart. Als ich Norton zu der gefürchteten Operation brachte, brauchte ich dringend jemanden wie ihn.

»Glauben Sie mir«, sagte er. »Es ist schmerzlos. Er wird gar nichts spüren.«

»Vielleicht sollte ich bleiben«, schlug ich vor. »Ich könnte mir ein Feldbett besorgen und es in seinem Zimmer aufstellen ...«

»Er muss nicht über Nacht hierbleiben«, teilte mir der Weihnachtsmann mit. »Sie können ihn um fünf Uhr abholen.«

»Soll ich irgendetwas Besonderes für ihn tun? Ihm eine weiche Unterlage kaufen? Soll ich den Kabelfernseh-Betreiber anrufen und den Porno-Kanal abklemmen lassen?«

»Es wird ihm *gut* gehen«, meinte der Tierarzt. »Das wird nicht traumatisch für ihn.«

Der Tierarzt hatte Recht. Norton ging großartig damit um. Ich dagegen war ein Wrack. Fast den ganzen Tag lang plagten mich heftige Schmerzen in der Lendengegend. Ich war außerdem sicher, dass Norton mich hassen würde, wenn ich ihn wieder abholte. Ich war überzeugt davon, dass ich mit emotionalen Spätfolgen rechnen musste. Ich fürchtete mich schon vor den Psychiater-Rechnungen.

Um Punkt fünf war ich zurück beim Tierarzt und nahm Norton wieder in Empfang, der zwar ein bisschen groggy war, aber ansonsten überhaupt nicht mitgenommen wirkte. Der Weihnachtsmann zeigte mir den Schnitt, und als das Zimmer aufhörte, sich zu drehen, musste ich zugeben, dass es nicht schlimm aussah. Er meinte, ich solle dafür sorgen, dass Norton es eine Nacht lang ruhig angehen ließ – und dann wäre die ganze Sache vergessen, und er würde wieder ganz normal sein.

Da sollte er Recht behalten. Für Norton blieb die Operation psychisch wie körperlich ohne Folgen. Sie hielt ihn jedenfalls nicht davon ab, sich auf Fire Island weiterhin nachts herumzutreiben. Er nahm nicht mal zu, was sicher daran lag, dass er sich draußen austobte, auf Bäume kletterte und durch das Unterholz von Fair Harbor schlich.

Für mich selbst bedeutete die Zeit mit Norm, dass sich mein Tennisspiel gewaltig verbesserte, dass ich neben dem gegrillten Hühnchen jetzt auch einen ausgezeichneten (wenn ich das selbst so sagen darf) kalten gekochten Lachs mit Knoblauchsauce zubereiten konnte, und dass wir unglaublich viel Spaß hatten. Aber ich wurde nie zu einem regelmäßigen Besucher der *Sixish*-Treffen. Ich bin auch nie mit egoistischen Psychiaterinnen ausgegangen; und ich musste auch nie auf die original Plunderteilchen-Falle des Bürgermeisters von Fair Harbor zurückgreifen.

Aber ich betrat die Welt des Herumdrucksens, der ungeschickten Umarmungen und der zögernden Intimitäten. Tatsächlich betrat ich sie nicht nur. Ich stürzte mich kopfüber hinein.

Meine erste ernsthafte Beziehung nach Cindy führte ich mit einer Frau namens Sarah. Sarah und ich hatten, wie sich später herausstellte, ungefähr so viel gemeinsam wie Madonna und der Papst. Aber während der ersten drei Monate mit ihr dachte ich, sie wäre perfekt.

Um mit den Äußerlichkeiten anzufangen: Sie sah absolut umwerfend aus. Sie hatte dunkles Haar und eine Haut, die sehr schön ebenmäßig gebräunt war. Sie hatte lange, perfekt geformte Beine und – denken Sie dran, ich sagte ja, dass dies während meiner oberflächlichen Periode passierte – trug die kürzesten Röcke, die ich jenseits der Twiggy-Ära jemals gesehen hatte. Sie war sinnlich und leidenschaftlich, und vor allem fand ich, als sie beschloss, dass sie mir vertrauen konnte, heraus, dass sie einen gewissen Teil ihrer Kleidungseinkäufe bei Victoria's Secret tätigte.

Leider konnte ich, nachdem ich mit den Äußerlichkeiten fertig war, nicht viel anderes Tolles an ihr entdecken. Und was immer wieder durchkam und ernsthafte Probleme verursachte, war die Tatsache, dass wir uns über zwei Sachen ständig stritten. Eine davon war *Humor*. Sarah vertrat die – ziemlich oft von ihr geäußerte – These: »Sinn für Humor ist gut, aber es gibt bestimmte Zeiten im Leben, in denen für Humor kein Platz ist.« Sie regte sich immer ziemlich auf, wenn ich ihr meine Lebensphilosophie erklärte, die lautete, dass das durchaus sein konnte, ich jedoch »noch keine von diesen Zeiten erlebt« hätte.

Der andere Anlass für unsere Streitereien war niemand anderer als Norton. Sarah war furchtbar eifersüchtig auf ihn, vor allem, weil ich ihn oft als Ausrede benutzte, um nicht in ihrer Wohnung übernachten zu müssen. Sie bestand immer darauf, dass ich Norton nur vorschob, um mich nicht binden zu müssen. Ich fürchte, wenn man das genauer analysiert, dann hatte sie Recht, obwohl ich lieber denke, dass ich ihn nur vorschob, um Sarah nicht *sagen* zu müssen, dass ich mich nicht binden wollte. Meine Entschuldigung, warum ich nicht bei ihr übernachten wollte, war, dass ich Norton nicht gerne allein ließ.

»Er wird eine Nacht ohne dich überleben«, sagte sie dann.

»Ich weiß«, erwiderte ich. »Aber es wird ihm nicht *gefallen.*«

Und diese Entschuldigung war nicht mal gelogen. Ich *ließ* ihn nicht gerne allein. Aber es gab noch andere Gründe. Ich mochte auch Sarahs Wohnung nicht. Sie lag in einem dieser neuen, weißen Gebäude, die die gleiche Wärme ausstrahlen wie Stalins Russland. Sie hatte die Wohnung mit ganz viel Schnickschnack und kinetischen Skulpturen und modernen Kunstdrucken angefüllt. Ich fand, die Wohnung wirkte wie ein Ort, an dem Andy Warhol gerne gestorben wäre.

Einmal hatten wir einen heftigen Streit um zwei Uhr morgens. Ich stand auf und sagte ihr, dass ich nach Hause fahren wollte. Sie wurde schrecklich wütend. Ich erzählte ihr von meiner Norton-und-das-Raubtier-Theorie. Sie wurde noch wütender. Ich versuchte weiter, ihr zu erklären, warum ich gehen wollte, doch dann brach Sarah plötzlich in Tränen aus und teilte mir mit, dass sie unsere Beziehung beenden müsse. Sie würde mit mir Schluss machen. Ein bisschen überrascht über ihre extrem heftige Reaktion wollte ich wissen, warum sie das so sah.

»Weil Norton nur eine Katze ist«, schluchzte sie. »Und er hat nur Katzen-Gefühle. Ich bin ein Mensch. Ich habe *Menschen*-Gefühle. Aber meine Gefühle sind dir egal. Vollkommen egal.« Jetzt weinte sie richtig heftig. »Ich glaube, du liebst deine Katze mehr als mich«, sagte sie unter Tränen.

»Sarah, das stimmt nicht«, sagte ich.

»Was?«, fragte sie hoffnungsvoll.

»Ich glaube nicht, dass Norton nur Katzen-Gefühle hat.«

Unnötig zu erwähnen, dass dies nicht der richtige Zeitpunkt für Humor war.

Sarah weigerte sich danach zwei Monate lang, sich weiter mit mir zu treffen, und verkündete, dass unsere Beziehung beendet war. Doch irgendwie kamen wir immer wieder zusammen. Immer, wenn wir uns zufällig in einem Restaurant begegneten und merkten, dass wir uns gegenseitig besser fanden als denjenigen, der uns gerade begleitete, oder wenn sie frustriert über ihren Job war und jemanden zum Reden brauchte oder wenn ich den neuen Victoria's Secret-Katalog in der Post hatte und ihn zufällig beim Einschlafen durchblätterte, kamen wir wieder zusammen. Wir konnten irgendwie nicht mit-, aber auch nicht ohneeinander.

An einem Valentinstag beschloss ich aus einem Impuls heraus, sie zu einem romantischen Ski-Wochenende nach Vermont einzuladen. Sarah wusste die Geste so sehr zu schätzen, dass es schon fast ein bisschen unheimlich war. Wir fuhren eigentlich kaum zusammen in den Urlaub. Was wahrscheinlich wieder an meinem fehlenden Willen lag, mich zu binden. Einmal wären wir fast für ein paar Tage ins Biltmore-Hotel nach Phoenix gefahren, meinem absoluten Lieblingsort abgesehen vom Liberace-Museum in Vegas. Aber ins Biltmore durfte man keine Katzen mitbringen, also stornierte ich wütend die Reservierung. Nachdem ich das getan hatte, stornierte Sarah mich für drei Wochen. Jetzt, wo ein langes, schneereiches Wochenende vor uns lag, war sie hocherfreut und zärtlich wie noch nie. Selbst ich hatte ein etwas schlechtes Gewissen, als mir klar wurde, dass ich nichts weiter tun musste, als spontan innerhalb von zwei Tagen eine romantische Pension in Vermont zu finden, die Katzen aufnahm. Nach dem zwanzigsten Anruf war Sarah sehr viel weniger erfreut und deutlich weniger zärtlich. Beim einundzwanzigsten Anruf war ich verzweifelt. Als die

Pensionswirtin sich meldete, erklärte ich ihr mein inzwischen gut eingeübtes Norton-Anliegen. Ich spürte, wie sie zögerte – was sehr viel besser war als die sofortigen Absagen, die ich bis jetzt erhalten hatte –, also trug ich richtig dick auf. Ich war schon fast so weit, aufs Ganze zu gehen – und ihr von damals zu erzählen, als Norton meine arme verirrte Großmutter in jenem schrecklichen Schneesturm rettete –, als die Pensionswirtin einknickte.

Und so fuhr meine Scottish Fold zum Skilanglauf.

Am Tag, nachdem wir in der Pension angekommen waren, erklärte mir Sarah, dass sie schon mal Abfahrt gefahren war, aber noch nie Langlauf probiert hatte. Wir machten uns daran, das zu ändern. Zuerst jedoch wollten wir sehen, wie Norton auf den Schnee reagierte. Er war noch nie draußen im Schnee gewesen; die meisten seiner Erfahrungen im Freien hatte er bis zu diesem Zeitpunkt im Sommer gemacht. Aber in Vermont war der Sommer nur eine ferne Erinnerung. Über allem lag eine dreißig Zentimeter dicke Schicht aus weichem Pulverschnee, also setzten wir Norton vor die Tür der Pension und warteten mit angehaltenem Atem.

Das Erste, was passierte, war, dass er im Schnee versank. Er war so leicht und der Schnee lag so hoch und war so weich, dass Norton schlicht davon umhüllt wurde. Im nächsten Moment schoss er jedoch in die Luft, so eingehüllt in weiße Flocken, dass er sofort bei Siegfried und Roy hätte einsteigen können.

Zu meiner großen Überraschung liebte er den Schnee. Er rannte zum nächsten Baum, kletterte halb hinauf und raste wieder hinunter. Er buddelte wie ein Eichhörnchen und schob mit Nase und Gesicht einen Tunnel hinein. Er rollte sich auf den Rücken und streckte die jetzt weißen Tatzen nach dem blauen Himmel aus. Ich glaube nicht, dass ich jemals Zeuge wurde, wie ein Tier so viel Spaß hatte.

Nach ungefähr einer halben Stunde wurde es ihm, glaube ich, zu kalt. Er kehrte mit Schneeflocken und kleinen Eisklumpen im Fell zurück in die Pension. Ich wickelte ihn in ein Handtuch und trocknete ihn ab, was er offenbar zu schätzen wusste, dann legte er sich vor den Kamin im Wohnzimmer und schlief für eine Weile. Inzwischen war die Pensionswirtin natürlich längst bereit, Norton zu adoptieren.

Nach dem Mittagessen schnallten Sarah und ich uns die Langlaufskier an und machten uns auf den Weg. Wie immer, wenn ich draußen unterwegs war, folgte Norton uns. Ich versuchte, es ihm diesmal auszureden, aber er bestand darauf. Schnee hin oder her, Kälte hin oder her, er war bereit für ein neues Abenteuer.

Als wir in einen nahegelegenen Wald kamen, blieb Norton nicht wirklich auf unserer Spur. Er rannte im Zickzack herum wie ein Wahnsinniger, kletterte auf Bäume, lief mit großen Schritten durch Schneeverwehungen, nur um dann plötzlich stehen zu bleiben und wie ein Verrückter zu miauen, bis ich kam und ihn für eine Weile trug.

Alles in allem war er glücklich. Und er war noch glücklicher, als wir nach zwei Stunden das Handtuch- und Kaminritual wiederholten. Selbst Sarah war glücklich und musste – bei einem späten Glas Cognac und einer Partie Backgammon – zugeben, dass Norton eine lohnenswerte Ergänzung unseres Valentinstag-Wochenendes war. Sie seufzte zufrieden und sagte mir, dass sie glaubte, sie wäre dabei, sich in mich zu verlieben.

Als ich mich zwei Tage später weigerte, bei ihr zu übernachten, beschloss sie jedoch, dass sie mich nie wiedersehen wollte.

Zwischen den verschiedenen romantischen Wiederbegegnungen mit Sarah gab es auch andere romantische (und nicht so romantische) Begegnungen. Norton gelang es, sich in fast alle davon einzumischen.

Für ungefähr sechs Wochen verliebte ich mich Hals über Kopf in eine Sportjournalistin, die in Boston lebte. Das bedeutete, dass ich am Wochenende ziemlich viel unterwegs war, entweder nach Boston oder zu irgendeinem College-Baseballspiel in irgendeiner Stadt im Süden, wo Räucherlachs und Bagels nur ein verstörender Mythos waren.

Das erste Mal, als ich sie in Boston besuchte, kam ich mit zwei Steaks, einer Flasche Rotwein und einer Katze.

Norton gefiel Boston (die Stewardessen, äh, Flugbegleiterinnen auf den Pan Am-Inlandsflügen sind sehr *nett* zu kleinen, freundlichen Tieren), aber die Sportjournalistin konnte sich nicht vorstellen, Dean Smith mit einer Katze auf der Schulter zu interviewen, also kühlte diese Beziehung ziemlich schnell wieder ab.

Ich war auch mal mit einer Lektorin von einem Konkurrenzverlag zusammen, die die Formulierung »genau wie bei Dickens« öfter verwendete als jeder andere, den ich kannte. Als ich sie Norton vorstellte, bewunderte sie sein Aussehen, machte jedoch den Fehler, mich zu fragen, ob ich ihn nach Norton Simon benannt hätte. Die Vorstellung, dass jemand tatsächlich glauben könnte, ich hätte meine Katze nach dem langweiligsten Milliardär der Welt benannt, war für mich ziemlich gruselig. Wenn sie Kenny Norton gesagt hätte, dann hätte sie vielleicht für eine Weile bleiben können. Aber so, wie die Dinge lagen, dauerte unsere Beziehung zwei Wochen.

Eine Woche verbrachte ich in Begleitung einer Modedesignerin. Sie hätte die Woche vielleicht gar nicht durchgehalten, wenn wir uns nicht ein paar Tage vor Halloween begegnet wären und sie mir bei unserem ersten Treffen gestanden hätte, dass sie beim vorangegangenen Halloween völlig nackt auf eine Kostümparty gegangen war – abgesehen von einer Schicht Bodypaint. Der Grund, warum sie nicht länger als eine Woche blieb, war, dass sie eine Schlange auf die Schulter tätowiert hatte und Norton mitten in der Nacht auf dieses Tattoo sprang und sein Bestes tat, es ihr von der Haut zu entfernen. Offenbar hielt sie das für einen ausreichenden Grund, unsere kurze Affäre zu beenden.

Eine der besten Sachen an der Partnersuche war Nortons Reaktion auf die Frauen, die ich mit nach Hause brachte (oder, im Falle der Sportjournalistin, zu denen ich ihn brachte). Die meisten mochte er. Normalerweise lief das alles wie folgt ab: Ich kam nach dem Abendessen nach Hause, führte die Frau in meine Wohnung. Norton bekam sein Betthupferl-Pounce; ich stellte die beiden einander vor. Wir führten das »Oh, was für lustige Ohren«-Gespräch, während Norton sie begutachtete. Wenn er sie mochte, dann streifte er mit der Seite seines Kopfes an ihr vorbei und berührte sie dabei recht verführerisch. Das war eine große Hilfe dabei, meine neue Bekannte noch einmal gründlich über meine Reize nachdenken zu lassen.

Während sie und ich auf dem Sofa saßen, uns Musik anhörten, uns unterhielten und herauszufinden versuchten, was der Rest des Abends vielleicht noch für uns bereithielt, setzte sich Norton – erneut nur, wenn er die Frau mochte – einen guten Meter von uns weg, legte sich auf den Rücken und sah zu uns auf. Das war so süß, dass meist, sobald meine Bekannte und die Katze Augenkontakt aufgenommen hatten, alle weibliche Zurückhaltung überwunden war.

Wenn Norton eine Frau jedoch *nicht* mochte – vergessen Sie's. Kein verführerisches Streifen, keine anbetungswürdigen Blicke nach hinten. Oh nein. In diesen Fällen wurde viel weggerannt, an den Beinen der Couch gekratzt (und manchmal an der Frau), und gelegentlich übergab er sich auch. Wir haben normalerweise den gleichen Geschmack, was Frauen angeht, Norton und ich, deshalb fiel es mir schwer, genervt zu sein, wenn sein Verhalten sich änderte. Tatsächlich hatte ich, abgesehen von dem Kratzen an der Couch, oft das Bedürfnis, das Gleiche zu tun wie er.

Cindy und Norton waren mit unserem angenehmen Schlafarrangement ganz großartig zurechtgekommen. Keiner ihrer Nachfolgerinnen gelang das jemals wieder ganz so gut. (Vor allem eine namens Michelle wachte in der Nacht jede Stunde auf, spuckte und rang nach Atem und wedelte wild mit den Armen herum, weil Norton ihr ständig den Schwanz in den Mund steckte.) Norton war, anders als sein Dad, extrem wählerisch, was die Person anging, die ihm morgens das Kinn kraulen durfte.

Ich vertraute Nortons Urteil, was Frauen anbetraf, und meistens zeigte er sich mit meiner Wahl einverstanden. Wirklich uneinig waren wir uns nur bei Karyn.

Karyn war ein dänisches Model, das wir in Paris kennengelernt hatten (bei einer von Nortons ersten Reisen dorthin). Sie war zweiundzwanzig Jahre alt, einen Meter achtzig groß und so unglaublich attraktiv, dass ich, wenn ich mir ihr redete, fast angefangen hätte zu sabbern. Sie sprach mehrere Sprachen, war unglaublich weltgewandt, hatte eine scharfe Zunge und viel schwarzen Humor … ich schätze, damit wäre klar, warum ich schon beim ersten Treffen völlig hin und weg war. Wie durch ein Wunder war auch sie hin und weg. Das Leben schien perfekt.

Abgesehen von einem Problem.

Ein bestimmtes Mitglied meiner Familie beschloss, dass er diese große blonde Frau, die gelegentlich auf seiner Seite des Bettes übernachtete, absolut nicht leiden konnte. Norton hasste sie.

Meine Katze faucht nicht – aber er fauchte Karyn an. Meine Katze beißt nicht – aber er biss sie. Er wartete immer, bis sie fest schlief, dann sprang er auf ihr Kissen und miaute, so laut er konnte, sodass sie zu Tode erschrak. Er pisste einmal in ihre Schuhe – als sie gerade zu einem Fototermin losmusste.

Ich versuchte ihn davon zu überzeugen, dass er sich irrte. Ich versuchte auch Karyn davon zu überzeugen, dass ich ihn nicht in New York lassen konnte, wenn ich für ein paar Tage nach Paris flog. Ich hatte bei beiden keinen Erfolg damit.

Zum Glück war ich nie gezwungen, zwischen den beiden zu wählen. Es ist wahrscheinlich krank, ich weiß, aber müsste ich mich entscheiden zwischen jemandem, der wahrscheinlich den Miss-Universe-Wettbewerb mit dem Talent gewonnen hätte, einfache neurochirurgische Eingriffe durchführen zu können, und meiner temperamentvollen Scottish Fold, würde meine Wahl ohne zu zögern auf meine Katze fallen. Ich hätte ihn vielleicht umgebracht – aber er hätte gewonnen. Bevor es jedoch dazu kam, lernte ich ein für alle Mal, Nortons Urteil zu vertrauen, wenn es um Frauen geht.

Meine erste Verabredung mit Karyn – die eine Woche dauerte – war spektakulär. Wir aßen in kleinen, abgelegenen Restaurants, wir tranken großartigen Wein, ich probierte meinen ersten Pfirsich-Champagner, wir tanzten

Wange an Wange, wir hielten Händchen im unterirdisch gelegenen *Caveaux de Jazz*. Dann kehrte ich nach New York zurück. Wir schrieben uns Briefe, wir trieben unsere Telefonrechnungen so hoch, dass sie den Staatsschulden Konkurrenz machten, und wir schmiedeten Pläne, uns an allen möglichen exotischen Orten zu treffen.

Die zweite längere Zeit, die wir miteinander verbrachten, war ebenfalls fantastisch. Sie dauerte nur fünf Tage, denn länger konnte ich nicht weg. Bei dieser Reise waren zwei Freunde von mir, Nancy und Ziggy Alderman, zufällig auch in Paris. Nancy, die extrem attraktiv, aber nur einen Meter sechzig groß ist und dunkles, lockiges Haar hat, war ein bisschen pikiert, als sie mein Zimmer im Tremoille betrat, um ein Glas Champagner mit mir zu trinken, und eine blonde Göttin vorfand, die den Schaumwein gerade eingoss – und noch dazu nicht viel mehr trug als eine Käpt'n-Hook-Augenklappe als Kleid. Zig reagierte in einem seiner weltgewandteren Momente völlig panisch, als er Karyn sah, und erklärte uns, dass er einen Moment ins Bad müsse. Sein Fehler war nur, dass er stattdessen in den Schrank ging – was ihm so peinlich war, dass er dort fünf Minuten lang *blieb*, in der Hoffnung, dass wir es vielleicht nicht bemerkten.

Bei der nächsten Reise nach Paris gingen Karyn und ich aus, um meine erste Nacht dort und unsere liebeshungrige Wiedervereinigung zu feiern. Ich hatte sie seit mehreren Monaten nicht mehr gesehen. Sie sah so hübsch und einladend aus wie immer – und Norton fauchte genauso laut wie immer, als sie ins Hotel kam.

Als das Essen vorbei war, schlenderten wir über die Straßen von Les Halles, hielten Händchen und küssten uns bewundernd alle paar Schritte. Dann erreichten wir das Tremoille und gingen nach oben. Ich bereitete mich auf eine Nacht voller außergewöhnlicher Leidenschaft vor. Dann erwähnte sie: »Oh, übrigens ist mein Freund ein bisschen wütend darüber, dass ich mich mit dir treffe.«

Es ist schon komisch, wie sehr ein solcher Satz die Lust auf außergewöhnliche Leidenschaft dämpfen kann.

»W-wie meinst du das, *dein Freund*?«, fragte ich sie. »Du hast mir gesagt, du hättest schon vor langer Zeit mit ihm Schluss gemacht.«

Sie sah mich verwirrt an. »Schluss gemacht?«

»Ja. Als wir das erste Mal zusammen ausgegangen sind ... als wir die Woche miteinander verbracht haben ... da hast du gesagt, du hättest die Beziehung beendet und ...«

»Oh, *das*«, meinte sie. »Ich musste nur warten, bis er die Stadt verlassen hatte. Er war die ganze Woche weg. Ich habe die Beziehung zu ihm nicht wirklich beendet.«

»Und was war beim letzten Mal, als ich hier war?«

»Da war er auch nicht da.«

»Und warum hast du mir das nicht *erzählt*?«

»Weil ich dachte, dass du dich dann nicht mehr mit mir triffst.«

Ich fing an, im Zimmer auf und ab zu gehen. Ich sah Norton absichtlich nicht an, weil ich sicher war, dass er feixte.

»Wie heißt er?«, fragte ich. »Dein Freund.«

»Robert.«

»Was macht er beruflich?«

»Er ist Podologe.«

Wenn es ein Rennfahrer oder vielleicht ein internationaler Modedesigner gewesen wäre, dann hätte ich mich vielleicht auf ein weltgewandtes, wenn auch schmerzhaftes Teilzeitmodell einlassen können. Dann hätte ich wenigstens ein bisschen Stolz behalten. Aber ein Podologe?

»Woher ... äh ... woher weiß Robert, dass du dich mit mir triffst?«, erkundigte ich mich.

»Oh, ich musste es ihm sagen, weil er diesmal in der Stadt ist.«

»Und was hat er gesagt?«

»Robert ist ziemlich aufbrausend«, meinte Karyn mit einem Schulterzucken.

»Was hat er *gesagt*?«

»Irgendetwas, dass er dich umbringen will.«

»Hat Robert auch Sinn für Humor?«, wollte ich wissen.

»Robert hat *überhaupt* keinen Sinn für Humor«, erklärte mir Karyn.

Das war das Ende von Karyn. Wie sich herausstellte, hatte Robert wirklich gar keinen Sinn für Humor, und er wollte mich wirklich umbringen. In seinen Adern floss zum Teil arabisches Blut, und offenbar galt Mord in dem Land, aus dem dieses Blut stammte, als akzeptable Lösung derartiger Probleme. Auch wenn er mich nicht wirklich umbrachte, schossen mir, wie ich gestehen muss, einige sehr unangenehme Bilder – ich gefesselt und barfuß auf einem Stuhl, während podologische Folterinstrumente zum Einsatz kommen – durch den Kopf. Ich hatte nicht vor, den Rest meines Lebens ohne Füße zu verbringen, nicht einmal für ein wunderschönes dänisches Model.

Norton, das muss ich ihm lassen, feixte tatsächlich nie. Ich habe ihn jedoch absichtlich niemals mit nach Dänemark genommen, und ich bezweifle, dass ich das jemals tun werde. Das Letzte, was ich von Karyn hörte, war, dass sie nach Rom gezogen ist und jetzt mit irgendeinem Grafen zusammenlebt. Ich kann nur hoffen, dass es sich um Dracula handelt.

Eine von Nortons regelmäßigen Reisen war der jährliche Ausflug zum Baseball-Frühlingstraining in Florida. Ich fuhr jedes Jahr im März mit neun anderen Männern von der Rotisserie League dorthin. Ursprünglich durften nur Männer mitkommen, und wir sahen uns nur Baseball an. Aber mit der Zeit kamen die Frauen und Freundinnen hinzu; dann, als wir älter wurden, gehörte auch Golfspielen zu der Reise. Wir berichteten über unsere Ausflüge immer in unserem Rotisserie-League-Jahrbuch, und irgendwann kamen auch Spieler aus anderen Ligen dazu. Jetzt ist es eine richtig große Sache – eine Rotisserie-League-Zusammenkunft mit ein paar Hundert statistiksüchtigen Fans, die aus dem ganzen Land anreisen und mit uns Baseball anschauen und diskutieren.

Das Rotisserie-Wochenende ist nichts für Freundinnen, mit denen nicht wirklich etwas Ernsthaftes läuft. Sarah war ein einziges Mal mit (und schaffte es, mehr Rotisserie-League-T-Shirts zu verkaufen, als alle jemals für möglich gehalten hätten; sie sah viel besser darin aus als irgendeiner von uns), aber diese Wochenenden fielen normalerweise in die Zeiten, in denen sie gerade nicht mit mir sprach. Also war Norton mehrere Jahre lang mein einziger Begleiter. Er liebte das Hotel, in dem wir alle wohnten, das Belleview Biltmore, ein absolut spektakuläres, riesiges altes Gebäude aus der Zeit um die Jahrhundertwende mit so viel altem Südstaaten-Charme, wie man es sich nur wünschen kann. Ein Teil dieses Charmes rührte daher, dass das Hotelpersonal dort Norton ebenfalls liebte.

Im zweiten Jahr, in dem Norton mich begleitete, nahm ich auch zwei verheiratete Freunde mit, dieselben, die auch Karyn in Paris getroffen hatten, Nancy und Ziggy Alderman. (Ziggy ist nicht sein richtiger Name. Sein richtiger Name ist John, aber weil er in einem steifen Büro für Investmentbanking arbeitet, verschweigt er seinen Kollegen, dass er für die meisten Leute wie jemand von einem David-Bowie-Album heißt – was es ein bisschen kompliziert macht, sein Freund zu sein. Wenn er mit seinen Kollegen zusammen ist, dann sollen wir ihn John nennen, obwohl die ihn Aldy nennen. Und als wäre das alles nicht schon verwirrend genug, gibt es dort im Büro noch einen anderen Mitarbeiter namens John, einen Mitarbeiter, der in der Hierarchie über Ziggy steht, also haben Zigs Vorgesetzte beschlossen, dass ihn alle Jack nennen sollen, um Missverständnisse zu vermeiden, wenn die Leute im Büro nach John riefen. Das Ergebnis ist, dass ihn manche Leute jetzt als Ziggy kennen, manche als Aldy, manche als John und manche als Jack.)

Als ich mit den Aldermans auf dem Weg runter nach St. Petersburg war, beschwerte sich Ziggy/John/Aldy/Jack die ganze Zeit darüber, dass ich Norton dabeihatte. Er konnte nicht verstehen, wie ich eine Katze zu einer solchen Macho-Angelegenheit wie dem Frühlingstrainings-Ausflug mitnehmen konnte. Während des gesamten Fluges macht er sich über mich lustig – dafür hat er ein echtes Talent. Vor ein paar Jahren fuhren wir drei für fünf Tage ins Arizona Biltmore, um dort Tennis und Golf zu spielen (richtig – in der Woche redete Sarah gerade mal wieder nicht mit mir). Am zweiten Tag unseres Aufenthaltes dort besuchten uns drei meiner Freunde aus Tuscon und gingen mit uns essen. Wir aßen eine Menge und tranken eine Menge in dem ziemlich teuren Restaurant des Hotels. Als wir fertig waren, bestand Ziggy darauf, die Rechnung zu bezahlen. Ich stritt mit ihm – schließlich waren das meine Freunde; er war ihnen noch nie zuvor begegnet –, aber es war zwecklos. Er unterschrieb die Rechnung schwungvoll und badete für den Rest des Abends in unserem überschwänglichen Dank. Während der nächsten zwei Tage bezahlte ich, geplagt von einem schlechten Gewissen, möglichst viel für die beiden – für Nancys und Zigs Frühstück vor dem Golfen, die Golfrunden selbst, die Drinks am neunzehnten Loch, alles eben. Als wir auscheckten und man mir die Rechnung reichte, meinte Nancy zu ihrem Mann: »Denkst du nicht, es ist Zeit, es ihm zu sagen?« Und Zig gestand mir, dass er die hohe Essensrechnung zwar tatsächlich unterschrieben hatte – aber mit *meinem Namen*.

Sein Gesichtsausdruck, als wir in Florida in der Hotellobby standen, konnte die annähernd eine Million Dollar, auf der er mich in Florida hatte sitzen lassen, zwar nicht wettmachen, aber fast. Nachdem er mich stundenlang wegen meiner mitreisenden Katze gequält hatte, musste Zig am Empfangstresen stehen und zusehen, wie jede attraktive Frau, die im Hotel arbeitete (und das waren so zehn bis fünfzehn), rief: »Norton? Ist das *Norton*?« Und dann musste er zusehen, wie sie zu uns herumkamen, mit Sie-wissen-schon-wem spielten, mich anlächelten und sagten: »Denken Sie dran – falls Sie irgendetwas brauchen, rufen Sie einfach an.«

Jetzt, wo ich darüber nachdenke, das *hat* die Rechnung damals wettgemacht.

Die alljährliche Rotisserie-Zusammenkunft ist auch der Schauplatz von Nortons vielleicht größtem Abenteuer. Vor ein paar Jahren fuhr ich wie immer runter in den Süden, um meinen Rotisserie-Spähposten einzunehmen. Und wie immer begleitete mich Norton. Mein Flugzeug landete mit Verspätung, also kamen wir erst nach acht Uhr abends im Hotel an. Nachdem Norton am Empfangstresen überschwänglich begrüßt worden war, brachte ich ihn in unser Zimmer im zweiten Stock, stellte ihm sein Fressen und das Katzenklo hin und ging dann nach unten ins Restaurant zu den anderen. Nach ein paar Stunden mit gutem Essen, gutem Bier und exzellenten Gesprächen über Baseball war ich erschöpft, also kehrte ich in mein Zimmer zurück. Die anderen gingen noch raus auf die Terrasse, um weiter besagten drei Vergnügen zu frönen.

In diesem Jahr hatte mein Zimmer einen Balkon. Als ich hereinkam, stand Norton an der Balkontür und wollte nach draußen gelassen werden. Er war es gewöhnt, im Belleview Biltmore frei herumlaufen zu können. Es gab eine große Anlage rund um den Pool mit viel Gras und Büschen, in denen er sich rumtreiben konnte. Sein Lieblingsteil des Hotels war aus irgendeinem Grund der Keller. Er verbrachte viele Tage dort und erkundete alle Winkel und Verstecke; eine staubige Betonecke gefiel ihm besonders; es schien der perfekte Ort für ein Schläfchen zu sein. Aber er spielte meines Wissens nie auf den verschiedenen Türmen und Dachebenen des Hotels.

Nach einem Moment des Überlegens beschloss ich, es zu versuchen. Was konnte schon schiefgehen? Also öffnete ich die Tür. Norton rannte auf den Balkon, sprang auf das Geländer und kletterte dann weiter, erkundete die spitzen Dächer, die sich kilometerlang zu erstrecken schienen. Ich wartete zehn oder fünfzehn Minuten, dann rief ich ihn, um zu testen, ob er kommen würde, und tatsächlich war er sofort wieder da. Dadurch wusste ich, dass es sicher war, also erklärte ich ihm, dass er nach Herzenslust herumklettern durfte.

Fünfundvierzig Minuten später wollte ich mich schlafen legen. Als ich auf den Balkon trat, um Norton für die Nacht reinzurufen, klingelte mein Telefon. Ich hob ab und hörte die Stimme von Glen Waggoner, einem Gründungs-mitglied der Rotisserie League und einem meiner besten Freunde.

»Ich glaube, du solltest dringend runterkommen.«

»Was ist los?«

»Norton ist gerade durch die Terrassenmarkise gefal-len.«

Kennen Sie diesen Zeichentrickfilm mit dem Road Runner, der über die Straßen flitzt und mehrere Kilometer in einer Sekunde schafft? Das war ich, als ich die Treppe hinunterrannte, um meiner Katze zu Hilfe zu eilen.

Als ich auf der Terrasse ankam, lachte sich die Rotisse-rie-Gruppe schlapp. Glen führte mich zur Mitte der Ter-rasse und deutete nach oben. Drei Meter über meinem Kopf war ein Loch in der grün-weiß gestreiften Markise. Offenbar war Norton, gelangweilt vom Dach, auf die Mar-kise gekrochen. Auf der Mitte traf er auf eine dünne Stelle im Stoff, die unter ihm nachgab. Er fiel knapp fünf Meter in die Tiefe und landete nur wenige Zentimeter von ei-nem Tisch entfernt, an dem zwei siebzigjährige Damen gerade aßen. Unnötig zu erwähnen, dass sie schrien wie am Spieß. Sie hätten auch geschrien, wenn Sie gerade ru-hig in einem Restaurant gesessen und gegessen hätten und plötzlich eine Katze durch die Luft geflogen und zehn Zentimeter neben Ihrem Kopf gelandet wäre – und eine von Ihnen fast reanimiert werden musste. Die Damen wa-ren jedoch sehr nett, als ich mich tausend Mal bei ihnen entschuldigte (während im Hintergrund die gesamte Ro-tisserie League Tränen lachte), und schlugen mir vor, ich solle meine Katze suchen gehen, da sie sich zweifellos noch mehr erschreckt haben musste als sie.

Glen, den Norton gut kannte, hatte versucht, ihn nach seinem tiefen Fall einzufangen, aber Norton ließ sich nicht fangen. Er war einfach in der Dunkelheit verschwunden.

Weil ich keine Ahnung hatte, wo er hingelaufen sein konnte, stolperte ich über die riesige Wiese und rief seinen Namen. Keine Antwort. Ich stolperte noch fünfzehn oder zwanzig Minuten weiter, ohne das kleinste Zeichen von Norton, bis mir plötzlich klar wurde, wohin er gegangen sein musste. Ich lief zu der knarrenden Holztür, die in den Keller führte, öffnete sie und trat ein. Meine Augen brauchten ein paar Minuten, um sich an die Dunkelheit dort unten zu gewöhnen; dann, als es so weit war, ertastete ich mir den Weg zu der vertrauten, staubigen Ecke. Und dort lag Norton und schlief tief und fest.

»Psst«, sagte ich.

Nortons Augen öffneten sich; er stieß sein *Brrrmiauuu* aus und sprang in meine offenen Arme.

Für den Rest des Wochenendes machten die Leute viel Aufhebens um ihn. Aber er blieb die ganze Zeit über in meiner Nähe. Er hatte genug vom Herumstreunen. Ich sah, dass er nur an einer einzigen Person aus dem Hotel seinen Kopf rieb – einer sehr attraktiven Blondine, die am Empfang arbeitete. Als ich zu ihr ging, um den kleinen Unruhestifter zu holen, lächelte die Frau ihn an, dann mich.

»Gehört der Ihnen?«, fragte sie und flatterte praktisch mit den Lidern. »Der ist ja so *süß.*«

Wenn ich es nicht besser wüsste, hätte ich schwören können, dass Norton uns beiden zuzwinkerte.

7. Kapitel

Die Katze, die nach Paris reiste

In den ersten paar Jahren seines Lebens auf dieser Erde und unter meiner Obhut hatte Norton im Vergleich zu einer normalen Katze schon sehr viel erlebt. Er war in einer Tasche durch Manhattan getragen worden. Er war mit Taxis und Fähren und Zügen gefahren. Er hatte die Strände von Fire Island, die schneebedeckten Gipfel von Vermont und die Antiquitätengeschäfte in Bucks County, Pennsylvania (eine eher ereignislose Reise, abgesehen von der Tatsache, dass ich damals eine wunderschöne Ahornwiege aus dem 18. Jahrhundert kaufte, die zu Nortons Lieblingsschlafplatz wurde; es sieht unfassbar süß aus, wenn er drinliegt). Er begleitete mich auch regelmäßig ins Büro – durchschnittlich etwa einmal pro Woche –, und sobald das etabliert war, kam er auch mit zu Vertretertagungen. Als Verlagsgast war er schon in Phoenix/Arizona, Laguna Beach/Kalifornien, auf Bermuda und an verschiedenen Orten in Florida gewesen. Im Grunde kam er immer dann mit, wenn der Flug nicht mehr als ein oder zwei Stunden dauerte, ganz egal, wie lange ich mich dort aufhielt und selbst wenn ich über Nacht blieb. Wenn es quer durchs Land ging oder es für ihn zermürbend zu werden drohte (wenn er zum Beispiel fünf Stunden ohne ein Katzenklo hätte auskommen müssen), dann nahm ich Norton nur mit, wenn die Reise länger als fünf oder sechs Tage dauerte.

Einer meiner Tagträume in der Lebensphase vor Norton war gewesen, den Hund, den ich ja eigentlich haben wollte, eines Tages mit nach Frankreich zu nehmen. Die Franzosen lieben Tiere; sie behandeln sie viel besser als Touristen. Selbst in den schicksten Restaurants sind Hunde willkommen, die es sich dort während des Essens gemütlich machen dürfen. Es ist durchaus üblich, dass man einen Mann im Anzug und eine pelzbemäntelte Society-Lady im *Jamin* oder im *Rovuchon* oder im *L'Ambroisie* essen sieht, deren Pudel oder Dackel währenddessen unter dem Tisch sitzt. Vor ein paar Jahren hat ein französischer Verleger einen Restaurantführer herausgegeben, in dem er jedes Restaurant in Paris danach bewertete, wie man dort Hunde behandelt: Welche Essensreste werden ihnen angeboten, darf man sie dort auch ohne Leine mit hineinnehmen, wie freundlich sind die Kellner, wenn es ums Streicheln geht.

Mir war irgendwie nie in den Sinn gekommen, Norton mit nach Übersee zu nehmen. Ich bin nicht sicher, wie es zu diesem mentalen Ausfall kommen konnte. Vielleicht lag es einfach daran, dass ich in den ersten paar Jahren, die ich ihn hatte, nicht oft nach Europa reisen musste.

Das änderte sich allerdings schlagartig.

Es änderte sich, als Roman Polanski mich anrief.

»Peter«, sagte er mit seinem deutlich hörbaren Akzent, der sich aus ein bisschen polnischer Rebell, französischer Intellektueller, englischer Dandy, amerikanischer Schurke und jüdischer Onkel zusammensetzt, »warst du schon mal zur Weihnachtszeit in Paris?«

Roman und ich hatten 1982 zum ersten Mal bei seiner Autobiografie *Roman Polanski von Roman Polanski* miteinander zu tun. Wir hatten sehr gut zusammengearbeitet und waren aus irgendwelchen unerfindlichen Gründen schnell Freunde geworden. Ich weiß, dass er fast sein ganzes Leben lang in der Kritik stand, aber um die Wahrheit zu sagen, habe ich nie eine besonders kritikwürdige Seite an ihm gefunden. Wir sahen viele Dinge ähnlich und wurden von der gleichen Neugier gepaart mit Zynismus angetrieben. Aus der Perspektive eines Freundes ist er ein ausgesprochen großzügiger Mensch – es gibt nichts, was er nicht für dich tun würde, wenn er dich mag –, und er hat sehr viel Sinn für Humor. Er erzählt wundervolle Geschichten und findet nichts schöner als im *La Coupole* zu sitzen, Champagner zu trinken, Austern zu schlürfen und über gute Witze zu lachen.

Ich habe eine Menge sehr, sehr intelligente Leute getroffen, aber Polanski ist vermutlich das einzige Genie, das ich kenne. Er spricht ungefähr zwölf Sprachen, kann Dinge auf eine der interessantesten Arten interpretieren, die ich kenne, hat einige der besten, originellsten Filme der Moderne gedreht und kennt außerdem ungefähr eine Million langbeinige Models namens Suzette. Damit will ich sagen, dass er eine Frage wie »Warst du schon mal zur Weihnachtszeit in Paris?« nicht stellt, wenn er nicht etwas von einem will.

»Äh … nein«, erklärte ich schlagfertig. »Ich glaube, bisher nicht.«

»Es ist sehr schön. Sehr schön. Der Schnee fällt, die Lichter gehen an. Ohhh, diese Lichter in Paris, mmmm, wunderschön. Man möchte weinen. Und die Frauen … es kommen eine Menge schöne Frauen zu Weihnachten nach Paris, Peter.«

»Kann ich dich was fragen, Roman?«, fragte ich ihn von meinem New Yorker Apartment aus.

»Alles. Alles.«

»Warum erzählst du mir das?«

»Wie würde es dir gefallen, an Weihnachten nach Paris zu kommen und mir dabei zu helfen, meinen neuen Film mit Harrison Ford zu schreiben?«

Der Mann hat Stil, *non*?

Natürlich zierte ich mich. So leicht bin ich nicht zu haben. Ich erklärte ihm, dass ich mindestens vier oder fünf Sekunden brauchen würde, um zu packen und aus New York abzufliegen. Tatsächlich dauerte es ein bisschen länger – aber nicht viel. Eine Woche später waren Norton und ich auf dem Weg nach Europa.

Viele Leute halten es für eine extrem aufwendige Sache, ein Tier mit nach Übersee zu nehmen. Viele glauben, dass sie in Quarantäne müssen (nur in England) oder dass die Reisevorbereitungen äußerst kompliziert sind oder dass es unmöglich ist, Tiere mit ins Hotel zu nehmen. Die Wahrheit ist: Nichts ist leichter, als die eigene Katze mit in die Fremde zu nehmen – wenn man es richtig anstellt. Natürlich machte ich, als Norton das erste Mal dabei war, alles falsch.

Polanski war in Amsterdam, um seinen neuen Film zu promoten. Als ich gerade meine – Entschuldigung, *unsere* – Reise buchte, meinte er: »Peter, warum fliegst du nicht nach Amsterdam? Wir essen zusammen, tun unser Bestes, um in Schwierigkeiten zu geraten, und dann arbeiten wir am nächsten Tag in Paris. Amsterdam ist der perfekte Ort, um sich vom Jetlag zu erholen.«

Macht Sinn, oder? Für mich auf jeden Fall. Also war Nortons erste Station in Europa – nach einem einstündigen Aufenthalt am Flughafen Charles de Gaulle – Amsterdam.

Bevor es losging, musste ich meinen Kumpel zum Tierarzt bringen, damit er einen Katzen-Pass bekommt. Diese Prozedur war ziemlich einfach: Der Tierarzt impfte Norton, machte mit einem Wattestäbchen seine Ohren sauber, sah in seinen Hals und füllte dann eine kleine grüne Karte aus, auf der stand, dass Norton Gethers, eine acht Pfund schwere Scottish Fold, geboren in Los Angeles, aber wohnhaft in New York, gesund war und mit seinem Besitzer den Kontinent wechseln durfte, sofern dieser dies wünschte.

Der Flug war ein Kinderspiel – mit einer kleinen Ausnahme. Norton war schon mit einer Reihe von amerikanischen Fluggesellschaften geflogen. Wegen deren Strenge hielt ich mich inzwischen genau an die Regeln. Ich ließ Norton normalerweise in seiner Box, die während des gesamten Flugs unter dem Sitz stand, und wagte es nur, ihn herauszuholen und auf meinen Schoß zu setzen, wenn eine – okay, ich kann es jetzt sagen – Flugbegleiterin ihn sehen wollte, was äußerst selten passierte. Aber bei der Air France wurde Norton so herzlich begrüßt, als hätte er den vollen Flugpreis gezahlt. Die Flugbegleiter fanden es *großartig*, ein Tier an Bord zu haben, und erklärten mir sofort, dass ich ihn aus dieser engen Box herausnehmen sollte, damit er es bequem hatte. Wir flogen dank Warner Brothers erster Klasse und wurden beide in jeder Hinsicht erstklassig behandelt. Als man mir Champagner und Kaviar servierte, bekam Norton ein kleines Schälchen mit Räucherlachs und eine Schale mit Milch. Als es Zeit für den Nachtisch wurde, erwähnte ich Nortons Schwäche für Schokolade, und, *voilà*, seine persönliche *Mousse au chocolat* kam *tout de suite*. Sie waren so unglaublich nett zu meinem Reisegefährten, dass ich mich entspannte. Ich entspannte mich so sehr, dass ich nach zwei Stunden über dem Atlantik mit Norton zufrieden auf meinem Schoß tief und fest einschlief. Ich hätte den ganzen Weg nach Holland verschlafen, aber irgendwann stieß mich einer der männlichen Flugbegleiter sanft an die Schulter und weckte mich. Während ich mir die Augen rieb und mich orientierte, wurde mir bewusst, dass keine Katze auf meinem Schoß saß. Als ich aufblickte, sah ich, dass es daran lag, dass der Flugbegleiter Norton an seinem grauen Nacken hochhielt. Entsetzt nahm ich ihn entgegen, setzte ihn zurück auf meine Knie und fing an, mich bei dem Steward zu entschuldigen. Ich war so eingeschüchtert von der Strenge der amerikanischen Stewardessen, dass ich mich zerknirscht etwa fünf Minuten lang entschuldigte, bevor mir klar wurde, dass der freundliche französische Steward zu mir sagte: »Es ist in Ordnung. Es stört uns nicht. Er 'at nur einen kleinen Spaziergang gemacht.« Schließlich merkte ich, dass es den Steward *wirklich* nicht störte. Also fasste ich mir ein Herz und stellte die Frage, die ich unbedingt beantwortet haben musste: »Wohin ist er gegangen?«

Der Steward rümpfte missbilligend die Nase. Offenbar hatte Norton etwas getan, dass dieser Mann abstoßend fand. Tatsächlich hatte meine Katze nach französischem Standard die ultimative Sünde begangen.

»Er war 'inten in der Touristenklasse«, teilte mir der Steward mit Verachtung in der Stimme mit, »und 'at mit einem *'und* geredet.«

Ich blieb für den Rest des Fluges wach. Norton verbrachte die meiste Zeit damit, aus dem Fenster hinunter auf den Atlantik zu starren. Er schien ihn genauso faszinierend zu finden wie die Bucht von Fire Island.

Als wir in Amsterdam landeten, nahm ich mir ein Taxi zu einem, wie sich herausstellte, wunderschönen Hotel, dem Amstel. Ich bereitete mich darauf vor, Norton entweder zu verstecken oder mich um Kopf und Kragen zu lügen und zu behaupten, dass er nicht über Nacht bleiben würde und ich ihn nur schnell zu einem holländischen Freund brächte. Aber diese sonst gewohnte Geheimniskrämerei war gar nicht nötig. Die Frau am Empfang lächelte die Katze herzlich an, erklärte mir, dass ich Norton aus seiner Tasche holen sollte, und beobachtete dann mit amüsiertem Blick, wie Norton sich auf den Tresen plumpsen ließ und es sich bequem machte. Der Hotelmanager kam sofort und tätschelte Norton freundlich den Kopf; genauso wie zwei der Hotelpagen. Die Frau am Empfang fragte, ob Norton tatsächlich über Nacht bleiben würde, und als ich zögernd nickte, erkundigte sie sich sofort, ob er eine kleine Fischplatte essen wollte. Ich spürte, dass Nortons Ohren, was davon übrig war, sich bei dem Wort »Fisch« ein wenig aufstellten, also erklärte ich ihr, dass das sehr nett wäre.

Im Zimmer stellte ich Nortons erstes internationales Katzenklo auf, wartete, bis der Fisch kam, und rief dann Roman an. Nach einem kurzen Nickerchen war ich bereit aufzubrechen.

Norton war zufrieden, seine erste Nacht in Europa in unserem Daunenbett zu schlafen, während ich in einem spektakulären indonesischen Restaurant auf Kosten einiger holländischer Journalisten ausgiebig aß und trank. (Okay, eigentlich hatten sie nur Roman dazu eingeladen – aber ich durfte schließlich mitkommen, oder? Dann galt das auch für mich!) Der nächste Tag war ein bisschen aufregender, jedenfalls für meinen grauen Begleiter.

Ich wusste vor unserer Ankunft nicht wirklich, was wir in Amsterdam tun würden. Aber ich fand es bald heraus. Wir sollten gegen Mittag aus dem Hotel auschecken, uns eine Vorführung von Romans letztem Film ansehen, der allen wichtigen holländischen Vertrieben gezeigt wurde, dann zu der Aufzeichnung einer holländischen Quizshow fahren, in der Roman zu Gast sein würde, um Werbung für seinen Film zu machen, dann mit den Leuten vom Fernsehen und einigen der Vertriebsleiter essen gehen und dann mit einer späten Maschine nach Paris fliegen.

Das klang alles großartig, abgesehen von einer kleinen Komplikation. Was in aller Welt sollte ich von mittags bis zehn Uhr abends mit Norton machen?

Da ich wirklich keine andere Wahl hatte, nahm ich ihn einfach mit.

Der erste Höhepunkt des Tages war, dass man uns den Vertriebsleitern vorstellte. Wir kamen in einen großen Vorführraum und wurden an ein Podium vorne im Raum gesetzt. Der PR-Mann des Filmstudios, das Roman begleitete, hielt eine kleine Rede und erklärte allen, dass sie sich sicher schon darauf freuten, den neuen Polanski-Film in den Kinos zu zeigen. Er ging die lange Liste von Romans Erfolgen in Holland durch – von seinen *Das Messer im Wasser*-Tagen über *Chinatown* bis hin zu *Tess*. »Und jetzt«, verkündete er der Menge, »möchte ich Ihnen einige besondere Gäste vorstellen. Zu meiner Rechten sitzt ein Mann, den ich Ihnen nicht vorstellen muss. Einen der größten Regisseure unserer Zeit, Roman Polanski.«

Begeisterter Applaus folgte.

»Zu Mr. Polanskis Rechten sitzt der Autor von Mr. Polanskis neuem Film, den die beiden zusammen in Paris schreiben werden – Peter Gethers.«

Ich bekam höflichen Applaus, obwohl niemand je von mir gehört hatte und wahrscheinlich auch nie wieder von mir hören würde. Und dann kam die beste Ankündigung, denn der PR-Mann merkte, dass er noch jemanden vorstellen musste.

»Und zu Mr. Gethers Rechten sitzt ... seine *Katze*???«

Ich habe selten jemanden so verwirrt gesehen. Und ich war selten so stolz auf meine Katze. Norton verbeugte sich zwar nicht bei der Nennung seines Namens, aber er setzte sich so gerade auf, wie er konnte, als er den sehr verwirrt klingenden Applaus hörte.

Den Rest des Tages verbrachten wir bei der Aufzeichnung der Unterhaltungsshow

»Wetten, dass ...?«, eine der beliebtesten TV-Sendungen in Holland (auch in Deutschland und Belgien). Ich kann sie nur als eine Mischung aus »Wahrheit oder Pflicht«, der Comedyserie »Laugh-In« und der stets populären Vegas-Show »Nackt auf dem Eis« beschreiben.

Das holländische »Wetten, dass ...?« dauerte neunzig Minuten, und die Aufzeichnung drei Stunden. Von diesen drei Stunden verbrachte Norton zweieinhalb damit, neben mir im Publikum zu sitzen – die Produzenten hatten ihm netterweise einen eigenen Platz gegeben – und auf das blinkende Zeichen zu starren, auf dem, wie ich vermutete, das holländische Wort für »Applaus« stand.

Die andere halbe Stunde verbrachte er in der Garderobe – wo ich nicht hindurfte – und ließ sich von den dreißig wunderschönen Oben-ohne-Tänzerinnen streicheln, die in den Unterhaltungsteilen der Show mitwirkten.

Norton lässt sich normalerweise nicht von Fremden hochnehmen und wegtragen, aber als eine der fast nackten Frauen während einer Pause zu ihm lief und mich um die Erlaubnis bat, ihn mit nach hinten nehmen zu dürfen, wartete er nicht mal auf mein Okay. Er sprang auf den Boden und folgte ihr, ohne sich auch nur einmal zu seinem eifersüchtigen Dad umzudrehen. Als er mir am Ende der Show wieder übergeben wurde – von drei Tänzerinnen, die sich alle nur sehr schweren Herzens von ihm trennen konnten –, bedauerte ich mal wieder, dass Norton nicht sprechen konnte. Seinem Gesichtsausdruck nach zu urteilen hätte ich jedoch, selbst wenn er es gekonnt hätte, die Details dieses besonderen Abenteuers niemals erfahren.

Als die Show vorbei war, gingen wir mit den Studiobossen und mehreren Vertriebsleitern, denen Norton bereits vorgestellt worden war, essen.

Wir nahmen einen von ihnen mit in eines der Toprestaurants der Stadt. Norton begleitete uns, als wäre er es gewohnt, jeden Abend auswärts zu essen. Er war seit vielen Stunden nicht mal in der Nähe eines Katzenklos gewesen, *und* ich hatte ihn noch nie mit in ein Restaurant genommen, also war ich ein kleines bisschen nervös. Doch mein Junge bewältigte alles mit Bravour. Er war der Hit des Abends.

Als Erstes fiel unsere Kellnerin praktisch in Ohnmacht, als sie sah, wie süß Norton war. Als sie bemerkte, wie ruhig er auf meinem Schoß saß, bestand sie darauf, ihm einen eigenen Stuhl zu bringen, den sie neben meinen stellte. Als Nächstes brachte sie ihm sein eigenes Essen – einen kleinen Teller Kartoffeln mit Hering, den Norton sofort verspeiste. Er amüsierte sich so gut, dass ich fast beleidigt war, als sie ihm nicht auch noch ein Glas Wein anbot – obwohl er mit seinem Schälchen Milch viel glücklicher wirkte.

Es sollte ein Geschäftsessen sein, bei dem Roman seinen Film vorstellte, aber wir sprachen kaum übers Geschäft. Das Hauptthema der Unterhaltung war der neueste – und kleinste – Ehrengast. Alle paar Minuten bestand jemand darauf, mit mir oder mit Roman, der auf Nortons anderer Seite saß, die Plätze zu tauschen, damit er bei der Katze sein konnte. Am Ende des Abends saß ich am ganz anderen Ende des Tisches, während Norton zwischen dem Chef eines holländischen Vertriebes und der Produzentin von »Wetten, dass …?« saß und sich alle Mühe gab, auszusehen wie Cary Grant – er kaute höflich auf seinem Hering, trank seine Milch, saß gerade auf dem Stuhl und genoss das Restaurant und die Aufmerksamkeit.

Als es Zeit wurde zu gehen, boten mir mehrere Leute an, dass Norton auch bei ihnen wohnen konnte, falls ich jemals wieder in der Stadt sein sollte, und einige fragten, ob sie mich bei ihrem nächsten Besuch in New York besuchen dürften. Als wir an Bord des Flugzeugs nach Paris gingen, war Norton völlig erschöpft. Tatsächlich musste ich ihn wecken, als wir über der Stadt kreisten, damit ich ihn ans Fenster halten und er einen ersten Blick auf den hellerleuchteten Eiffelturm erhaschen konnte.

Norton fühlte sich in Paris wie, na ja, wie ein Fisch im Wasser. Wir wohnten in einem meiner liebsten Hotels auf der ganzen Welt, dem Tremoille, das an der Ecke der Rue de la Tremoille und der Rue du Boccador im achten Bezirk liegt. Es ist großartig, es ist klein, es ist elegant, freundlich, sehr Pariserisch, *und* sie *lieben* dort Katzen.

Letztes Jahr, als ich mit Polanski an einem weiteren Film arbeitete, kam meine Agentin Esther – die uns auf Nortons erstem Flug begleitet hatte – für ein paar Tage in Paris vorbei, um sich zu amüsieren und gut zu essen. Ich war für drei Monate dort und wohnte zu meinem Bedauern nicht im Tremoille – das Filmstudio bezahlte für meinen Aufenthalt und fand es zu teuer für einen so langen Aufenthalt, weshalb man mir eine Wohnung gemietet hatte – aber ich bestand darauf, dass sie dort wohnen sollte. Nach dem Essen begleitete ich sie zum Hotel und erzählte ihr, wie nett die Leute da immer zu Norton waren. Während ich noch redete, blieb sie auf der Straße stehen und meinte: »Ich glaube dir nicht. Das denkst du dir definitiv aus.« Entrüstet bestand ich darauf, dass ich ihr zu hundert Prozent die Wahrheit gesagt hatte. Sie wollte mir immer noch nicht glauben. Also ging ich, als wir die Lobby erreichten, zum Empfang, grinste Esther selbstbewusst an und meinte zu dem Concierge: »Guten Abend. Erinnern Sie sich an mich?«

»Natürlich«, erwiderte er. »Und wie geht es Ihrem kleinen Kater? Ist er gesund?«

»Es geht ihm sehr gut«, erklärte ich ihm.

»Bitte grüßen Sie ihn von mir«, meinte der Mann zu Esthers großem Erstaunen. »Sagen Sie ihm, er kann uns besuchen, wann immer er möchte.«

Esther glaubt mir seitdem alles.

Über die Jahre war Norton schon sechs oder sieben Mal im Tremoille, meistens dann, wenn ich mit Roman zusammenarbeitete. Unser Arbeitsalltag gestaltete sich wie folgt: Wir begannen zwischen halb elf und elf Uhr morgens, legten gegen ein Uhr eine Mittagspause ein, aßen nett und entspannt zusammen und arbeiteten dann von drei bis sieben oder acht Uhr weiter. Nach einer ein- bis zweistündigen Entspannungspause, in der wir ein Glas eiskalten polnischen Wodka tranken oder einfach ein bisschen Abstand voneinander brauchten, aßen wir dann zu Abend. Ich ging immer während der Mittagspause oder der Pause vor dem Abendessen ins Hotel, um nach Norton zu sehen und mit ihm zu spielen. Nach einer Weile wurde mir klar, dass das Spielen nicht nötig war. Norton musste nicht noch mehr bespielt werden. Fast immer, wenn ich ins Zimmer kam, war mindestens ein Zimmermädchen da, meistens zwei, die ihn streichelten, kraulten oder ihn mit irgendeinem neuen Spielzeug spielen ließen, das sie für ihn gekauft hatten. Nachdem er als Mitglied der Hotelfamilie akzeptiert worden war, durfte er sich auch während des Tages in der Lobby aufhalten (einer vom Empfang oder eines der Zimmermädchen brachte ihn zurück ins Zimmer, wenn sie das Gefühl hatten, dass es zu hektisch wurde), und ich durfte ihn immer mit in den eleganten Speisesaal nehmen, wenn ich dort aß.

An einem Tag gab es fast eine Katastrophe. Ich kam um sieben Uhr abends zu meinem täglichen Check zurück, ging unbeschwert ins Hotel und bat um meinen Zimmerschlüssel. Einer der Manager sah mich sehr ernst an und meinte: »Oh, Monsieur Gethers, Ihr kleiner Kater, er ist sehr kraank.«

Ohne ein weiteres Wort griff ich nach meinem Schlüssel und rannte die beiden Treppen hinauf in mein Zimmer. Als ich es betrat, saß ein Zimmermädchen auf dem Bett, streichelte Norton beruhigend und flüsterte ihm tröstende Worte zu. Er lag auf dem Kissen, zu einem Ball zusammengerollt. Alles in allem sah er kläglich aus – und es ging ihm eindeutig schlecht.

Das Zimmermädchen sprach kein Englisch, also bekam ich nicht viel von dem mit, was sie sagte. Ich verstand nur, dass sie am Morgen in das Zimmer gegangen war, um sauber zu machen und wie immer mit Norton zu spielen, doch er hatte nicht reagiert. Er wollte das Bett nicht verlassen, er hob den Kopf nicht, er wollte sich überhaupt nicht bewegen. Sie hatte versucht, ihm ein Pounce zu geben – ich hatte einen riesigen Vorrat mitgebracht und den Zimmermädchen gezeigt, wo ich ihn aufbewahrte – aber er rührte es nicht an. Die Lage war demnach sehr ernst.

Norton war noch nie zuvor krank gewesen. Ich wusste nicht, was ich tun sollte. Roman war überraschend verständnisvoll, als ich ihm sagte, dass ich unser übliches Abendessen ausfallen lassen musste, um mich um eine kranke Katze zu kümmern. Er hatte Norton inzwischen auch in sein Herz geschlossen.

Norton aß nichts in dieser Nacht. Und er bewegte sich auch nicht von meinem Kissen herunter. (Ich schlief die ganze Nacht neben ihm.) Ich versicherte ihm ständig, dass alles wieder in Ordnung kommen würde, aber er war keine glückliche Katze. Wenn Ihnen irgendwann jemand erzählen will, Katzen hätten keine Gefühle, dann sagen Sie demjenigen, er soll mal eine Nacht mit einer kranken Katze verbringen. Wenn man das Wort »schwermütig« im Lexikon nachschlägt, dann würde man dort ein Bild von Norton in jener Nacht sehen. Ich beschloss, ihm vierundzwanzig Stunden zu geben, bevor ich einen französischen Tierarzt anrief.

Am Morgen schien es ihm besser zu gehen. (Mir dagegen ging es nicht allzu gut, da ich die ganze Nacht vor lauter Sorge kein Auge zugetan hatte.) Er war nicht besonders aktiv – er wollte nicht aufstehen oder sein Frühstück fressen –, aber er aß zwei Pounce, als ich sie ihm brachte, und er leckte anschließend dankbar meine Hand. Als ich zur Arbeit ging, erhob Norton sich mühsam und stand für einen Moment auf dem Bett. Ich kam zurück, erklärte ihm, dass es schon in Ordnung war, und sah zu, wie er sich zurück auf das Kissen legte.

Gegen Mittag kam ich zurück, um nachzusehen, wie es Norton ging. Der Manager machte mir strahlend ein

Daumen-nach-oben-Zeichen, als ich meinen Schlüssel abholte. Und natürlich waren zwei Zimmermädchen bei Norton, der jetzt entspannt auf dem Rücken lag und ihr sanftes Kraulen und ihr freundliches Geplapper genoss. Sie hatten ihm ein Geschenk mitgebracht – ein kleines Katzenminze-Bäumchen, das sie auf den Beistelltisch am Bett gestellt hatten. Sie erzählten mir, dass er noch nicht bereit dafür war, aber dass sie ihm damit einen Anreiz geben wollten, wieder gesund zu werden.

Ich ging wieder zur Arbeit in dem Wissen, dass mein Kumpel in guten Händen war. In der Pause vorm Abendessen verhielt er sich schon wieder ganz normal. Er schlang nicht nur sein Essen herunter und krallte sich sofort sein Pounce, als ich es ihm hinhielt, er kaute auch ein paar Blätter von seinem neuen Katzenminze-Bäumchen ab. Als es Zeit wurde, ins Bett zu gehen, ging es ihm gut genug, auf seinem eigenen Kissen zu schlafen. Ich hatte keine Ahnung, was diese Ein-Tages-Krankheit ausgelöst hatte – vielleicht das reichhaltige französische Katzenfutter –, aber mit einem erleichterten Seufzer erklärte ich ihm, dass ich froh war, dass er sich besser fühlte, und küsste ihn oben auf den Kopf. Er leckte mich kurz mit seiner Sandpapier-Zunge und gab mir das Gefühl, dass ich zumindest eine verständnisvolle und stützende Krankenschwester gewesen war.

Bald hatte sich der Pariser Alltag für Norton und mich auf angenehme Weise eingespielt. Da ich erst um frühestens halb elf bei der Arbeit sein musste, gewöhnte ich mir an, in ein bestimmtes Café zu gehen, dem Eiffelturm gegenüber auf der anderen Seite der Seine, um dort meinen morgendlichen *Café au lait* zu trinken. Nach ein paar Morgen dieser Art sah ich keinen Grund, Norton nicht dorthin mitzunehmen. Also sprang er jeden Tag in seine Tragetasche, wir schlenderten die paar Blocks zu meinem Lieblingsplatz, und dann saß ich auf meinem geflochtenen Café-Stuhl, schlürfte meinen Kaffee und las die *Herald Tribune*, während er sphinxartig auf seinem Stuhl saß, die Passanten beobachtete und trank, nachdem die Kellner sich an seine Anwesenheit gewöhnt hatten, aus einer kleinen Schale Wasser oder Milch.

Nach dem Frühstück nahm ich ihn normalerweise wieder mit zurück ins Hotel. Manchmal begleitete er mich aber auch zu Roman. Bei jener ersten Reise, als ich das Script für das umschrieb, was später der Film *Frantic* wurde, kam Harrison Ford für zwei Wochen nach Paris, um mit uns zu arbeiten. Er war der Star des Films und wollte als solcher natürlich gerne an der Entwicklung der Motivationen, der Handlungen und Gedanken seiner Figur beteiligt sein. Er und Roman waren Freunde, hatten jedoch noch nie zusammengearbeitet. Ich hatte Harrison noch nie vorher getroffen. Also verbrachten wir die ersten Tage damit, uns besser kennenzulernen und herauszufinden, wie wir miteinander klarkamen. Jeder von uns versuchte, seine Meinung über den Film zu vertreten, aber dennoch flexibel und einfühlsam gegenüber den beiden anderen Egos und Wünschen zu bleiben. Harrison eilte der Ruf voraus – den ich nach meinen Erfahrungen nur bestätigen kann –, ein ausgesprochen intelligenter Schauspieler zu sein. Das ist bemerkenswert, weil Schauspieler auf der Intelligenz-Skala im Allgemeinen etwa auf der Höhe eines durchschnittlichen Esstischs angesiedelt werden. Sie sind auch bekannt dafür, Drehbücher zu verhunzen, um ihre Figur besser aussehen zu lassen. Harrison war nicht nur intelligent, er machte sich auch mehr Sorgen um den Film als darum, ob seine Figur mutiger, intelligenter oder cleverer als alle anderen Figuren war. Ich mochte ihn und respektierte ihn von Anfang an sehr. Ich schätze jedoch, dass Harrison an jenem Tag unserer ersten Begegnung nicht besonders begeistert von mir war. Wir schüttelten uns die Hände, fingen an, über die erste Fassung des Drehbuchs zu diskutieren, das von Roman und seinem langjährigen Kollaborateur, Gerard Brach, geschrieben worden war – was stimmte noch nicht und was schon –, und dann, gerade, als wir richtig in Fahrt kamen, als die Unterhaltung gerade begann, leidenschaftlich zu werden, schnupperte Roman in der Luft.

»Was riecht denn hier so schrecklich?«, fragte er.

»Wartet. Ich hab's«, meinte Harrison ganz aufgeregt. »Ich glaube, jetzt weiß ich es. Ich glaube, dieser Kerl, dieser Arzt, muss seine Frau wirklich lieben, muss *extrem* eifersüchtig sein, was sie angeht ...«

»Wooooou, was stinkt hier so schlimm?« Roman war eindeutig abgelenkt. Sein Gesicht war verzogen, so als falle ihm das Atmen schwer.

»Roman, Roman, hör mir zu! Ich glaube, wir brauchen eine Szene mit mir und meiner Frau, etwas Zärtliches, gleich zu Anfang ... Herrgott, was stinkt denn hier so?«

Schließlich nahmen alle Diskussionen über das Drehbuch ein abruptes Ende. Die gesamte Wohnung fing an zu stinken, als wäre jemand gestorben – vor ungefähr drei Wochen. Beide Köpfe drehten sich zu mir um, als ich leise hauchte: »Äh ... ich glaube, ich weiß, was das ist.«

Ich ging mit ihnen in Romans Badezimmer. Dort in der Badewanne saß Norton. Und direkt neben ihm lag ein sehr großer Haufen ... na ja ... man kann es nur als Katzenscheiße bezeichnen.

»Ich habe heute vergessen, sein Katzenklo mitzunehmen«, erklärte ich kleinlaut. »Normalerweise geht er in die Badewanne, wenn es kein Katzenklo gibt.«

»Das ist ziemlich intelligent«, bemerkte Roman.

»Ist das *deine* Katze?«, fragte Harrison.

Ich nickte.

»Du hast sie aus New York mitgebracht?«

Ich nickte wieder.

»Ich arbeite mit einem Autoren zusammen, der seine Katze mit nach Paris bringt, damit sie in die Badewanne scheißen kann?«

»Ich weiß, es sieht schlimm aus«, gestand ich, »aber gib ihm eine zweite Chance.«

»Er ist es nicht, um den ich mir Sorgen mache«, meinte Harrison zu mir.

Das war der Anfang eines lebenslangen Traums von mir – das Drehbuch für einen Film zu schreiben, der in Paris spielt und in dem ein brillanter Regisseur und ein Starschauspieler im Badezimmer knien und versuchen, den Gestank von Katzenscheiße wegzuschrubben, während ich die Katze auf dem Arm halte und versuche, ihr zu versichern, dass sie nichts falsch gemacht hat.

Im Laufe der Zeit gefiel es Norton, glaube ich, in Paris besser als in New York, genau wie seinem Dad. Er liebt es, sein Frühstück draußen zu essen; er genießt es, manchmal mit mir in einem Restaurant zu essen. (Zufällig waren Norton und ich hier in Paris, als ich den Vertrag für dieses Buch unterschrieb. Das Essen, zu dem ich ihn an dem Abend einlud, um das zu feiern, hat er *definitiv* sehr genossen. Wir gingen in mein Lieblingslokal, das L'Ami Louis, wo Norton eine eigene große Platte von Louis' Spezialität bekam, dem besten Fois Gras, das man sich nur vorstellen kann.) Diese Katze war sogar schon in dem einen oder anderen Nachtclub. Ich lehne mich jetzt mal weit aus dem Fenster und behaupte, dass sie tatsächlich die einzige Katze ist, die je im Bains Douches, einem der coolsten Clubs von Paris, die ganze Nacht durchgefeiert hat. Viele Leute werden vom Türsteher im Bains Douches abgewiesen – aber Norton kommt garantiert rein, wenn er dort auftaucht.

Die Lieblingsbeschäftigung meiner kleinen Katze war es, die berühmten Dächer von Paris zu erkunden. Von unserem Zimmer im Tremoille aus hatte er Zugang dazu. Das Hotel hatte diese alten, sehr schweren Fenster, die aufschwingen. Norton saß dann immer mit der Nase gegen das Schlafzimmerfenster gepresst und wartete darauf, dass ich endlich seinen Wink verstand, dass er verzweifelt nach draußen wollte. Zuerst zögerte ich, aber wieder siegte der Wunsch der Katze über den gesunden Menschenverstand, und das Fenster wurde weit geöffnet. Ich hielt Norton ein paar Augenblicke auf dem Arm und erklärte ihm, dass er in einer fremden Stadt war und dass er nicht so weit weglaufen sollte – dann sprang er auf den Balkon und kletterte von dort auf die rotgeziegelten Dächer der Stadt.

Ich weiß nicht, wie weit er tatsächlich herumkam. Ich sah ihn einmal drei Dächer entfernt – vielleicht einen halben Block. Er kam immer zurück, wenn ich ihn rief, also kann er nicht außer Hörweite gewesen sein. Schließlich entspannte ich mich während seiner Freiluft-Abenteuer, und sobald ich den Zimmermädchen verständlich machen konnte, dass sie unter keinen Umständen das Fenster schließen sollten, wenn Norton nicht im Zimmer war, fing ich sogar an, es ständig aufzulassen, damit er sich vergnügen konnte, wenn ich nicht da war.

Die andere Sache, die Norton eine Zeitlang viel Spaß

bereitete, war unser ständiges Pendeln zwischen Paris und New York. Obwohl Autoren eigentlich als Faustregel davon ausgehen können, dass alles, was sie tun, entweder nicht gedruckt oder niemals realisiert wird, gab es einen Zeitraum von einem Monat, in dem alles, an dem ich arbeitete, gleichzeitig umgesetzt wurde – der Polanski-Film, ein Roman, den ich geschrieben hatte, ein Pilotfilm fürs Fernsehen –, und so lebten Norton und ich während dieses besonderen Februars quasi in der Concorde. Einmal in der Woche flog ich für ein paar Tage nach Paris, um an dem TV-Film zu arbeiten. Dann setzte ich mich wieder in das schnelle Flugzeug, raste zurück nach New York, tat, was immer ich dort tun musste – ich konnte zu diesem Zeitpunkt die einzelnen Aktivitäten kaum noch voneinander unterscheiden –, und dann fuhr ich wieder zum Flughafen und setzte mich erneut in die Concorde. Ich verbrachte den kurzen Flug entweder mit Lesen, Schreiben oder Umschreiben. Norton verbrachte die wenigen Stunden damit, in der kleinen Kabine herumzuwandern und sich mit den Flugbegleiterinnen und den anderen Passagieren anzufreunden.

Das war definitiv der Höhepunkt des Luxus für eine Katze und der Höhepunkt von Nortons Europareisen. Die Flugbegleiterinnen in der Concorde kannten ihn irgendwann so gut, dass sie mich nicht mehr zwangen, die Box mitzunehmen. Nach einer Weile brauchte er nur noch seine Stoffschultertasche. Er fühlte sich in dem Flugzeug so wohl, dass ich fast erwartete, auf einem der Flüge die folgende Durchsage zu hören: »Meine Damen und Herren, wir 'aben auf diesem Flug einen Gastpiloten bei uns. Monsieur, bitte begrüßen Sie die Passagiere.« Dann würde der Pilot ans Mikrofon kommen und ein lautes »Miau« von sich geben.

So weit kam es natürlich nie, aber das lag nicht daran, dass Norton nicht alles versucht hätte.

Tatsächlich würde ich an Ihrer Stelle, falls Sie in naher Zukunft nach Paris fliegen, diese Möglichkeit in Betracht ziehen. Wenn Sie dafür sorgen wollen, dass Ihr Flugzeug rechtzeitig landet, dann schlage ich vor, Sie nehmen einen ausreichenden Vorrat an Pounce mit.

8. Kapitel

Die Katze, die sich verliebte

Meine Katze wurde älter, und mit dem Alter kam eine gewisse Selbstzufriedenheit, eine leicht träge, desinteressierte Haltung. Außerdem fing er an, fett zu werden.

Also tat ich das, was jeder normale Mensch für seine Katze tun würde. Ich kaufte ein Haus.

Während der Sommer auf Fire Island rannte Norton die ganze Zeit überall herum und amüsierte sich, und jede Saison verlor er zwischen dem Memorial Day und dem Labor Day ein Pfund. Wenn die Blätter sich zu verfärben begannen, dann war meine Scottish Fold eine schlanke, durchtrainierte Kampfmaschine. Im Laufe des Herbstes und des Winters verließ er jedoch nie meine Wohnung (abgesehen von dem ein oder anderen Ski-Wochenende), was bedeutete, dass er viel herumsaß, schlief und um Pounce bettelte. Ich wusste, dass das nicht gut für ihn war. Da ich dazu neigte, das Gleiche zu tun – das mit dem Faulenzen, nicht das mit dem Betteln –, hatte ich den Verdacht, dass es auch nicht gut für mich war. Also beschloss ich, mich nach einem Haus umzusehen.

Na ja, ich *suchte* nicht wirklich nach einem Haus. Ich *stolperte* wie immer einfach in den Hauskauf hinein.

Nancy und Ziggy besaßen ein Haus in Sag Harbor, und ich besuchte sie an einem Wochenende. Norton sollte eigentlich zu Hause bleiben, weil Zig eine schlimme Katzenallergie hat. In letzter Sekunde kniff meine vertrauenswürdige Katzensitterin jedoch. (Ich habe noch gar nicht erzählt, was passiert, wenn meine reisende Katze tatsächlich mal zu Hause bleiben muss. Zum Glück hat eine Freundin namens Lynn Waggoner beschlossen, dass auf Norton aufzupassen in etwa vergleichbar damit ist, Tom Cruise durch die Stadt zu fahren. Na ja, vielleicht übertreibe ich, aber Lynn passt immer sehr gut auf Norton auf – kauft ihm Spielsachen, geht mit ihm spazieren, all diese guten Dinge, die er schätzen gelernt hat und inzwischen erwartet. Einmal, als Lynn nicht konnte, passte meine Assistentin für ein Wochenende auf ihn auf. Sie nahm ihn mit zum Haus ihrer Schwiegereltern in Montauk. Norton war ungefähr zwei Minuten im Haus gewesen, als jemand die Haustür aufließ – und Norton davonlief. Laura, die jetzt völlig aufgelöste Assistentin, und ihr Mann verbrachten die Nacht im Wald und suchten Norton überall. Irgendwann um zwei Uhr morgens gaben sie auf und kehrten zum Haus zurück – wo Norton geduldig vor der Haustür wartete. Laura erzählte mir später – viel später – die Geschichte und gestand mir auch, wie sie mir beibringen wollte, dass sie meine Katze verloren hatte. Es sollte in Form eines Abschiedsbriefes kurz vor ihrem Selbstmord geschehen.) Jedenfalls ... war kein Katzensitter verfügbar. Also überraschte ich meine Wochenend-Gastgeber und brachte Norton doch mit.

Meine Überraschung wurde mit dem Enthusiasmus eines Erdbebens begrüßt. Er würde keine Probleme machen, versicherte ich den beiden. Er würde den ganzen Tag draußen bleiben. Er würde nur nachts reinkommen und dann bei mir schlafen. Ich würde ihn nicht aus meinem Bett lassen. Zig würde nicht mal merken, dass eine Katze im Haus war.

Das stimmte. Er merkte nicht, dass eine Katze im Haus war – bis Norton mitten in der Nacht, als ich schlief, nach oben schlich und beschloss, direkt auf Ziggys Kopf zu schlafen.

Diese Nacht bei den Aldermans war, wie ich mir vorstellen könnte, dem Krakatau-Ausbruch nicht unähnlich. Um drei Uhr morgens ging ich nach oben, holte Norton vom nach Luft ringenden Hausbesitzer herunter und nahm ihn wieder mit in mein Bett. Um halb vier lag er wieder auf Ziggys Kopf. Wir wiederholten die Prozedur. Um vier war Norton erneut auf seinen neuen Lieblingsplatz zurückgekehrt und bedeckte fast Zigs ganzes Gesicht mit seinem gesamten Körper. Um halb fünf gab Ziggy auf. Um fünf wurde ihm klar, dass er nicht mehr nieste. Am Morgen hatte er beschlossen, dass Norton die erste Katze war, auf die er nicht allergisch reagierte. Wut und Verzweiflung verwandelten sich in Freude und Triumpf. Ich gehörte nicht zu den Lieblingshausgästen (tatsächlich gewann ich den Preis des nervigsten Wochenendgastes) – aber irgendwie hatte Norton sich den Weg in ihre Herzen erschlichen.

Am nächsten Tag gingen wir uns Häuser angucken. Meine Suche war eher halbherziger Natur. Ich kann nicht behaupten, dass ich *wirklich* ein Haus wollte. Zum einen bin ich nicht der handwerklich geschickteste Mann auf der Welt. Ich wache immer noch schreiend mitten in der Nacht auf bei dem Gedanken an die Holzwerkstatt in der Highschool. Die Vorstellung, einen Bohrer zu bedienen oder irgendwelche elektrischen Leitungen zu reparieren, löst bei mir sofort eine gewisse Hysterie aus. Außerdem hasste ich die Vorstellung, zu pendeln, selbst wenn es nur die Wochenenden betraf. Ich hatte keine Lust auf irgendeine Art von Gartenarbeit oder darauf, Laub zu harken oder im Winter die Einfahrt von Schnee freizuschaufeln. Tatsächlich wollte ich nicht mal eine Einfahrt, weil ich gar kein Auto besitze.

Aber Norton brauchte das ganze Jahr lang einen Spielplatz, also ...

Die ersten vier Häuser, die wir uns ansahen, waren alle hübsch, alle geräumig und alle falsch. Keines davon besaß Persönlichkeit oder Charme. Die Maklerin, eine Frau namens Peggy Meves, in deren Schuld ich immer stehen werde, bat mich, ihr mein Traumhaus zu beschreiben – mein *bezahlbares* Traumhaus. Das tat ich: Es sollte mindestens hundert Jahre alt sein, aber in gutem Zustand, damit ich keine Arbeit hineinstecken musste, sollte alte Holzdielen und Dachbalken, ein oder zwei Kamine, ausgefallene Zimmer, zwei Stockwerke und ein Büro haben, das so schön war, dass ich mich dort *gerne* an die Schreibmaschine setzen wollte. Außerdem sollte es nicht zu groß sein, vielleicht zwei oder drei Schlafzimmer haben – aber nicht zu eng und nicht so riesig, dass mir das Putzen über den Kopf wuchs. Mit anderen Worten ein Haus, das so perfekt war, dass ich es niemals finden würde.

Als ich mit meiner Beschreibung fertig war, meinte Peggy: »Wissen Sie was, ich glaube, wir sollten uns da noch mal ein bestimmtes Haus ansehen. Aber die Besitzer haben schon ein Kaufangebot erhalten. Ich glaube, sie haben akzeptiert, also denke ich nicht, dass Sie es kaufen können – aber es klingt, als wäre es das, wonach sie suchen. Zumindest habe ich dann eine Vorstellung davon, was Ihnen gefällt.«

Ich stimmte einer Besichtigung zu in dem Wissen,

dass ich besagtes Haus nicht kaufen konnte. Das war mir recht. Denn ich wollte ja auch eigentlich gar keins kaufen. Eigentlich sah ich mir nur gerne schöne Häuser an.

Ich schaffte es nicht bis in den ersten Stock. Ein Blick ins Wohnzimmer – mit dem original hundertzwanzig Jahre alten Holzboden, dem antiken Kanonenofen, dieser Persönlichkeit –, und ich hörte mich selbst sagen: »Ich nehme es.«

Peggy, die zu der raren Sorte völlig aufrichtiger Menschen gehört, versuchte mir erneut zu erklären, dass ich das Haus nicht kaufen konnte. Sie zeigte es mir nur, um herauszufinden, was mir gefiel.

»Das hier ist mein Traumhaus«, sagte ich. »Ich glaube, ich *muss* es haben.«

»Dann sehen Sie sich zumindest den ersten Stock an, bevor Sie entscheiden, ob es Ihr Traumhaus ist«, riet sie mir.

Der erste Stock machte es nur schlimmer. Es gab ein kleines, unglaublich bezauberndes Gästezimmer, ein großes Schlafzimmer (im Badezimmer stand eine alte Wanne auf Klauenfüßen!), und, um meinen Traum abzurunden, auch noch ein kleines Arbeitszimmer, das über die Einfahrt gebaut war, mit großen Fenstern, von denen aus man in den wunderschön angelegten Garten blickte. Ich habe die Gestaltung des Grundstücks noch gar nicht erwähnt, das aussah, als hätten Hänsel und Gretel es sich darin gemütlich machen und sich sehr zu Hause fühlen können.

Ich rannte die Treppe hinunter, nach draußen zu meinem Mietwagen und öffnete die Tür. Norton sprang heraus auf den Rasen im Vorgarten. Dann betrat er vorsichtig das Haus, sah sich im Wohnzimmer um und ließ sich schließlich mitten auf den Boden fallen, dort, wo ein Sonnenstrahl durch das Fenster fiel. Er sah zu mir auf und miaute glücklich.

Am nächsten Tag kaufte ich das Haus.

Plötzlich besaß ich ein Landhaus. Ich hatte eine Katze, ich hatte gute Freunde als Nachbarn, mir fehlte eigentlich nur eine kleine Sache.

Trotz meines eher flippigen Äußeren (hinter dem ich, wie viele Leute behaupten würden, ein überraschend dürftiges Innenleben versteckte) machte ich mir inzwischen ein bisschen Sorgen, dass Cindys Abschiedsworte – »du weißt nicht, was Liebe ist« – tatsächlich beängstigend wahr sein könnten. Ich fing an zu glauben, dass ich nach all den Jahren, in denen ich nur Witze gerissen, dänische Models ausgeführt und rund um die Uhr bis zur völligen Erschöpfung gearbeitet hatte, nicht mehr zu »etwas anderem« in der Lage war. Natürlich versuchte ich mir jedes Mal, wenn ich das dachte, vorzustellen, was es »anderes« geben könnte als Witze reißen, dänische Models und eine Arbeit, in der ich aufging. Ich habe eine sehr rege Fantasie, aber auf diesem Gebiet fehlte sie mir völlig.

Und doch ...

Da gab es Janis.

Meine Affäre mit ihr war ungewöhnlich, denn Janis ist eigentlich überhaupt nicht mein Typ. Sie war zwar sehr attraktiv, hatte jedoch nicht das Aussehen, auf das ich normalerweise abfahre. Sie war klein und eher kurvig gebaut anstatt groß und schlank. Sie war eher der klassische, elegante und weltgewandte Typ Frau, wo ich sonst eher auf leicht billig stand. Sie war die Deborah Kerr in *Die große Liebe meines Lebens* verglichen mit dem, was ich sonst vorzog – das mit Seifenschaum bedeckte Mädchen, das in *Der Unbeugsame* vor dem Gefängnis das Auto wäscht. Selbst ihre Persönlichkeit war anders als die meiner vergangenen Liebschaften. Ich stritt mich nur äußerst ungern. Zu behaupten, Janis wäre streitbar, wäre wohl die Untertreibung des Jahrhunderts. Sie war unabhängig, so selbstbewusst wie der englische Adel und in ihrer Sturheit und Eigensinnigkeit fast schon mit Saddam Hussein zu vergleichen. Doch trotz all unserer Differenzen – oder vielleicht gerade wegen ihnen – war sie die intelligenteste, stimulierendste, am wenigsten langweilige Person, die mir seit langer Zeit begegnet war.

Es gab jedoch einen Haken an meiner langjährigen, perfekten, befriedigenden Beziehung zu Janis. Sie *wollte* keine langjährige, perfekte, befriedigende Beziehung führen. Zumindest nicht mit mir.

Je näher wir uns kamen, desto mehr zog sie sich zurück. Schließlich zog sie sich so weit zurück, dass ich ein Teleskop brauchte, um sie zu finden. Woran ich merkte, dass die Romanze vorbei war.

Unsere Beziehung endete jedoch nicht. Stattdessen wurden Janis und ich Freunde. Ohne die Bedrohung einer romantischen Beziehung kamen wir uns so nah, wie es zwei Menschen überhaupt möglich ist. Wir arbeiteten sogar zusammen. Wir sahen uns während des Tages, wir gingen mehrmals in der Woche abends essen, wir fuhren sogar ein paarmal gemeinsam übers Wochenende weg – aber strikt platonisch. Sie begleitete mich durch ein paar unschöne Romanzen und mehrere professionelle Krisen. Ich tat das Gleiche für sie. Trotz der Sarahs und Karyns und der Sportjournalistinnen und der Dickens'schen Lektorin war es Janis, die immer für mich da war, egal, ob das »da« Spaß, Unterstützung oder sonst etwas war, das einem von uns beiden interessant erschien. Wir wurden so unzertrennlich, dass die meisten Leute glaubten, wir wären immer noch ein Paar. Aber das wollte sie nicht. Sie wollte keine Beziehung, weil Beziehungen ihrer Erfahrung nach immer auf ein *Ende* der Beziehung hinausliefen. Mit dem Ende kam Schmerz (und je besser die Beziehung gewesen war, desto schmerzhafter das Ende). Mit dem Schmerz kam die Verbitterung. Mit der Verbitterung kam die Trauer. Den Rest können Sie sich bestimmt denken.

Mit der Zeit akzeptierte ich, dass ich mit dieser Frau niemals irgendeine Art von echter Beziehung haben würde. Das kostete mich einiges – sehr viel Zähneknirschen, jede Menge Bauchgrummeln und viel zu viel Kopf gegen die Wand schlagen –, aber schließlich akzeptierte ich es.

Nur eine Person akzeptierte es nicht.

Und ich schätze, ich muss das Wort »Person« hier in einem weiteren Sinne fassen.

Norton mochte Janis.

Das war besonders auffällig, weil sie ihn nicht besonders mochte. Zu Tieren wollte sie ebenfalls keine Beziehung aufbauen. Sie verstand nicht, welche Freude einem eine solche Beziehung geben konnte. Sie wollte es nicht verstehen. Aber Norton gab nicht auf. Normalerweise ist meine Katze sehr zufrieden, wenn jemand sie ignoriert. Janis war die einzige Person abgesehen von meinem Vater und Ziggy, deren Nähe Norton aktiv gesucht hat. Wenn sie vorbeikam, streichelte sie ihn nie – aber innerhalb von wenigen Augenblicken war er an ihrer Seite, rieb seinen Körper gegen ihr Bein oder versuchte, sein Gesicht in ihre Handfläche zu drücken. Sie reagierte kaum je darauf – aber auch nach Jahren gab Norton niemals auf. Wann immer er sie sah, rollte er sich auf den Rücken und spielte süßeste Katze der Welt. Wenn sie sich weigerte, ihn anzusehen, dann ging er zu ihr, rieb sich an ihr, schmuste mit ihr, schnurrte. Janis blieb hart – sie kannte die Gefahren, die auf einen lauerten, wenn man sich auf jemanden einließ. Aber Norton blieb ebenfalls hart – er kannte die *Freuden*, die auf einen warteten, wenn man sich auf jemanden einließ.

Größtenteils blieb ich während dieser Periode – Norton vs. Janis – neutral. Dann kam Sag Harbor.

Zu dem Zeitpunkt, als ich das Haus draußen auf Long Island kaufte, hatte ich bereits für den Sommer mit Norm zusammen ein Haus auf Fire Island gemietet. Der Gedanke an eine letzte Saison, in der ich die Sixish-Treffen vermeiden konnte, reizte mich (vor allem, da ich die Miete bereits bezahlt hatte), also fand ich die perfekte Lösung. Ich lud Janis ein, den Sommer über in meinem neuen Haus mietfrei zu wohnen, unter der Bedingung, dass sie es einrichtet – die Küche mit Utensilien ausstattet, Vorhänge kauft und aufhängt, damit anfängt, den Garten zu gestalten. All die Dinge, von denen ich wusste, dass ich nicht die Zeit, den Geschmack oder die Lust dazu haben würde. Es war ein fairer Deal, und sie stimmte zufrieden zu. Am Ende des Sommers fuhren Norm und ich raus nach Sag Harbor, um uns das Haus anzusehen und mit Janis zu essen. Sie bestand darauf zu kochen; das Essen wurde im Kerzenschein auf der Veranda serviert. Als ich das Haus betrat – es war das erste Mal, seit ich den Kaufvertrag drei Monate zuvor unterschrieben hatte –, konnte ich es nicht glauben. Das Haus war nicht länger nur bezaubernd – es war wunderschön. Es hatte nicht länger seine eigene Persönlichkeit – es hatte die von Janis. Mir war klar, dass sie das Haus genauso liebte wie ich. Das war jedem klar, der es betrat und sah, was sie daraus gemacht hatte.

Wir verbrachten einen wunderschönen Abend. Das Essen war köstlich, wir tranken viel Wein und lachten, bis wir zu müde zum Lachen waren und – zum ersten Mal seit mehreren Jahren fühlte es sich nicht richtig an, von Janis wegzufahren. Es fühlte sich an, als gäbe es da noch etwas Unerledigtes zwischen uns.

Als ich mit Norm in die Stadt zurückfuhr, redeten wir darüber. Ihm war aufgefallen, dass Janis weicher gewesen war als sonst, dass sie offensichtlich nicht so auf der Hut war oder zumindest weniger wachsam (normalerweise umgab sie sich mit Stacheldraht und Deutschen Schäferhunden, die ihre Verletzlichkeit bewachten). Wir diskutierten die Frage, ob die Tatsache, dass zwei Menschen sich am gleichen Ort zuhause fühlten, ausreichte, um daraus eine Beziehung entstehen zu lassen.

Norm fand, dass es reichte – wenn die zwei Menschen endlich bereit für eine Beziehung waren. Er bemerkte außerdem, dass Janis etwas für sie völlig Ungewöhnliches getan hatte. Kurz bevor wir ins Auto stiegen, um zurück nach New York zu fahren, hatte sie sich über die Couch gebeugt und Norton gestreichelt. Einmal, ganz sanft.

Auf der Fahrt hatte es angefangen zu regnen, und ich weiß noch, wie ich Norton im Rückspiegel ansah. Er hatte es sich auf der Rückbank bequem gemacht und döste entspannt. Ich fragte mich, ob ich wirklich eine Katze als Gradmesser für eine Beziehung nehmen konnte.

Norton öffnete die Augen nicht, um meinen Blick zu erwidern. Er würde es mir nicht einfach machen.

Mitte September hatte Janis Geburtstag. Und an ihrem Geburtstag beschlossen wir, unsere Beziehung auf eine andere Ebene zu bringen. Oder sie wieder auf die Ebene zu bringen, auf der sie schon einmal gewesen war. Oder sie weiterzuführen, aber anders. Wie Sie sehen, waren wir nicht ganz sicher, *was* wir da taten.

Ich bin allerdings sehr sicher, dass wir das, was wir taten oder wurden, niemals getan hätten oder geworden wären ohne Norton.

Mein Haus wurde zu *unserem* Haus – das von mir, Janis und Norton. Es machte Spaß, die Wochenenden mit Norton in Sag Harbor zu verbringen, und er brachte uns beide zum Lachen. Janis kam nicht über die Tatsache hinweg, dass er mich immer zum drei Blocks entfernten Sean's Murray Hill Market begleitete. Anders als auf Fire Island gab es in Sag Harbor Verkehr, also war es schwierig, ihn zu nachmittäglichen Spaziergängen zu überreden. Aber früh am Morgen, bevor die Autos anfingen, die Straßen zu verstopfen, lief Norton entspannt hinter uns her und miaute laut wie immer. Er wartete geduldig vor dem Supermarkt, während wir einkauften, dann begleitete er uns wieder zurück. Anfangs wurde Janis immer ungeduldig, wenn Norton beschloss, für zwei Minuten (oder zehn Minuten, abhängig von seiner Laune) in die Büsche zu verschwinden. Sie versuchte mich dazu zu überreden, ihn zuhause zu lassen, wenn es Zeit wurde, Lebensmittel einzukaufen. Bald jedoch lockte auch sie ihn mit auf unsere Einkaufsbummel. Und wenn er uns tatsächlich begleitete, drängte sie mich, langsamer zu gehen, wenn ich so schnell lief, dass die Katze nicht mehr mitkam. »Sei nicht so ungeduldig«, schimpfte sie dann. Sie hörte auf, sich zu beschweren, wenn er abgelenkt wurde, und begrüßte ihn glücklich zurück, wenn er wieder zu uns stieß.

Sie liebte es auch, Norton im Garten beim Herumschleichen zuzusehen. Es gab in Sag Harbor keine Blauhäher, die ihn quälen konnten, aber es gab eine Spottdrossel, die schnell zum neuen Angstgegner meiner Katze wurde. Als die Spottdrossel die Situation einschätzen konnte – das Macho-Level des grauhaarigen Tiers im Garten –, fing sie an, von ihrem Baum heruntergeschossen zu kommen und einen Meter von Norton entfernt auf der Wiese zu landen. Dort stand sie dann und schrie die arme Katze an. Norton war völlig eingeschüchtert. Janis versuchte immer, ihn anzutreiben, wollte, dass er den kümmerlichen Vogel fertigmachte, aber natürlich ohne Erfolg. Sie fing an, es als persönlichen Affront zu sehen, und oft erwischte ich sie dabei, wie sie Norton – genau wie ich vor Jahren auf Fire Island – die Gesetze des Dschungels und das Konzept der Nahrungskette erklärte.

Sie pflanzte Katzenminze für ihn im Garten. Die wuchs jedoch nicht hoch genug, als dass wir sie hätten schneiden und trocknen können. Sobald sie welche pflanzte, stürzte Norton sich darauf, buddelte sie wieder aus und verbrachte ein paar fröhliche Stunden damit, sich im Dreck zu wälzen, während Janis in gespieltem Ernst mit ihm schimpfte.

Es war so schön, die Beziehung zwischen diesen beiden sehr unabhängigen Wesen wachsen zu sehen. Ich hatte mich über die Jahre an Nortons beinahe magische Fähigkeiten gewöhnt, deshalb war es sehr erfrischend mitanzusehen, welche Wirkung er auf sie hatte, und ihr dabei zuzusehen, wie sie seine Wirkung auf andere beobachtete.

Janis war bei uns, als wir eines Tages über den Long Island Expressway nach Sag Harbor fuhren. Ich saß am Steuer, Janis auf dem Beifahrersitz, und Norton befand sich auf seinem üblichen Platz auf der Rückbank, wo er durch das hintere Fenster nach draußen starrte. (Wenn nur wir beide fahren, sitzt Norton vorne, aber Janis mag es nicht, wenn er das in ihrem Beisein tut. Einerseits findet sie es gefährlich. Andererseits – und das ist der wahre Grund – fährt Norton gelegentlich die Krallen aus, um das Gleichgewicht zu halten, wenn das Auto schaukelt, und ruiniert damit ihre Strumpfhose oder reißt kleine Löcher in ihre Bluse. Also legt sich Norton geduldig nach hinten und beobachtet zufrieden die vorbeiziehende Landschaft, bis Janis einschläft. Dann schleicht er sich vorsichtig nach vorn und macht es sich dort bequem.) Es war ein wunderschöner Tag, ich war in Gedanken versunken und raste dabei offensichtlich wie ein Geisteskranker. Als der Polizist auf dem Motorrad uns anhielt, hatte er bereits seinen Strafzettelblock gezückt, während er mir mitteilte, dass ich hundertzwanzig Stundenkilometer schnell gefahren war. Bevor er den Strafzettel jedoch schreiben konnte, blickte er auf die Rückbank.

»Ist das eine Scottish Fold?«, fragte er.

Ich nickte. Bei Polizisten bin ich im Nicken viel besser als im Sprechen.

»Die ist aber schön«, meinte der Lederjacken-Cop. »Ich habe auch eine Fold.«

Ich werde Sie nicht mit den rührseligen Details langweilen. Es reicht, dass Norton sich von dem Polizisten, der drauf und dran war, mich zu einer Strafe zu verdonnern, auf den Arm nehmen und streicheln ließ – und dass ich für mein Vergehen nie bestraft wurde. Meine Straßenverkehrsakte blieb sauber, und der Strafzettel wurde zerrissen.

Janis war auch bei einer anderen Auto-Konfrontation mit Norton dabei, diesmal eine ohne Happy End.

Ich war an jenem Tag ins Büro gefahren und hatte beschlossen, den Kater mitzunehmen. Er war der perfekte berufliche Begleiter, verbrachte den ganzen Tag entweder schlafend auf meinem Tisch oder auf der Couch in der Ecke.

Manchmal lief er aus meinem Büro und über die Flure, um bei Leuten vorbeizuschauen, die er mochte. Längst überraschte es die Leute im Verlag nicht mehr – auch den Vorstandsvorsitzenden nicht –, wenn eine Katze in ihr Büro kam, um Hallo zu sagen.

Es war ein brutal heißer Sommertag, und natürlich war die Klimaanlage in meinem Auto kaputt. Während wir fuhren – Janis vorne, Norton hinten in der Hoffnung, dass sie einschlief –, hatten wir alle Fenster heruntergekurbelt. In der Innenstadt, im Village, auf dem Weg zur Tiefgarage, hielten wir an einer roten Ampel an. An der Straßenecke stand eine Pennerin. Sie war dreckig, wirkte ein bisschen verrückt und war eindeutig obdachlos. Es war ein langer Tag im Büro gewesen, es war zu heiß – was auch immer der Grund war, jedenfalls beachteten Janis und ich die Frau nicht, als sie an unser Auto trat und um Geld bat. Es war, als wäre sie gar nicht wirklich da, als würde sie nicht existieren. Vielleicht wohnten wir auch einfach schon zu lange in New York, wo Obdachlosigkeit eine Lebensart ist, etwas, an das man sich zu leicht gewöhnt.

Während der Wagen noch stand, stellte die Frau mir eine Frage.

»Ist das eine besondere Rasse?«, fragte sie und deutete auf Norton, der sie ansah, die Tatzen auf der hinteren Tür, den Kopf durch das offene Fenster gesteckt.

Ohne lange nachzudenken – abgesehen von meinem arroganten Entschluss, Nortons Stammbaum nicht mit einer Obdachlosen zu diskutieren –, sagte ich schlicht: »Nein. Er ist eine ganz gewöhnliche Katze.«

»Oh«, meinte sie. »Er sieht aus wie eine Scottish Fold.«

Die Ampel wurde grün. Bevor ich weiterfahren konnte, fügte sie mit einem sehnsüchtigen Seufzen hinzu: »Ich hatte früher sieben Siamesen.«

Sie steckte die Hand durch das Fenster, strich Norton über den Kopf und ging mit erstaunlicher Würde weiter.

Zu Nortons großer Freude ließ Janis ihn für den Rest der kurzen Fahrt zur Tiefgarage vorne sitzen. Sie umarmte ihn sogar. Ich bin sicher, es freute ihn auch, dass wir beide danach Obdachlose mit anderen Augen sahen. Es war ein heilsamer Schock für unsere hochnäsige Überlegenheit.

Janis war auch bei Nortons einzigem Katzenkampf dabei, eine in jeder Hinsicht traurige Sache.

Ich hatte schon lange vermutet, dass Norton kein geborener Kämpfer war. Im Garten schlich er sich manchmal an den einen oder anderen gefährlichen Schmetterling heran, aber das war das ganze Ausmaß seines aggressiven Potenzials. Leider muss man sich als Besitzer einer draußen herumstreifenden Katze der Tatsache stellen, dass sie dort anderen Katzen begegnen könnte.

Uns war ein großer oranger, pelziger Zeitgenosse aufgefallen, der offenbar gerne am späten Nachmittag durch unseren Garten in Sag Harbor streunte. Wenn Norton bei seinem Auftauchen draußen war, dann miaute er entweder sofort, weil er reingelassen werden wollte, oder er rannte in den Vorgarten, um sich in eines seiner Geheimverstecke zu verziehen. Wenn dieser grobschlächtige Kater kam, während Norton drinnen in Sicherheit war, stand Norton an der Hintertür und fauchte ihn von seinem geschützten Platz hinter der Fliegengittertür laut an. Er machte einen Buckel, fuhr seine Krallen aus und sah sich anschließend beifallheischend nach uns um. Janis und ich versicherten ihm dann stets, was für ein mutiger Bursche er war und wie stolz wir auf ihn waren. Vielleicht wurde Norton deshalb übermütig.

Eines Nachmittags saß ich oben in meinem Arbeitszimmer und schrieb, als ich plötzlich ein entsetzliches Schreien hörte. Es war ein Laut erfüllt mit Schmerzen und Angst, und er schien ewig anzudauern. Dann schrie Janis. Sie brüllte meinen Namen und dass ich sofort runterkommen sollte.

Ich lief, so schnell ich konnte, aber in den wenigen Sekunden, die es dauerte, hörte ich lautes Fauchen und Heulen, hohes Knurren und etwas, das klang, als würden zwei Sumo-Ringer gegeneinanderprallen. Als ich nach draußen kam, lief das orange Monster triumphierend über die Wiese. Ich schrie und winkte mit den Armen. Das schien den Kater zwar nicht zu beeindrucken – er sah mich an, als sei er sicher, es auch mit mir aufnehmen zu können –, aber er verstand, dass er hier nicht willkommen war. Als er über den Zaun in den Nachbargarten gesprungen war, suchte ich nach Norton.

Mein Kater kommt sonst *immer*, wenn ich ihn rufe. *Immer*. Aber diesmal nicht. Janis und ich suchten ihn zwanzig Minuten lang überall. Kein Norton. Ich bekam es langsam wirklich mit der Angst zu tun, als ich schließlich ein ganz leises und sehr klägliches Miauen hörte. Ich blieb stehen und lauschte, hörte es wieder. Janis ebenfalls. Es schien unter meinem Auto hervorzukommen, das auf der Einfahrt geparkt war.

Ich ging runter auf alle viere, und tatsächlich, dort kauerte Norton. Ich brauchte mehrere Minuten, um ihn herauszulocken, doch dann kam er endlich zu mir. Als er zwischen den Autoreifen hindurchschlüpfte, keuchte Janis auf. Norton blutete über der Nase und an der rechten Schulter. Sein Fell war matt und verklebt, und er war so verängstigt, dass er nur noch halb so groß wirkte wie sonst, was ohnehin nicht besonders groß war. Als ich ihn auf den Arm nahm, merkte ich, dass er sich vor lauter Angst eingekotet hatte.

Ich beruhigte ihn, so gut ich konnte, dann trug ich ihn nach oben ins Bad. Ich setzte ihn in die Wanne, drehte das Wasser an, sodass es sanft aus dem Hahn floss, und machte ihn sauber. Er wehrte sich nicht. Als er wieder sauber war, konnte ich erkennen, dass seine Verletzungen nicht schlimm waren. Die körperlichen Wunden waren oberflächlich, aber die emotionalen Narben saßen tief. Nachdem ich ihn abgetrocknet hatte, schlich er zaghaft in mein Schlafzimmer, sprang aufs Bett und kroch unter die Decke. Er wühlte sich seinen Weg bis ans Fußende, und dort blieb er für den Rest des Nachmittags. Immer mal wieder versuchte ich, ihn rauszulocken, aber er schämte sich so sehr, dass er mich nicht einmal ansehen wollte. Am Abend hatte er den Kopf immer noch nicht unter dem Quilt hervorgesteckt.

Da beschloss Janis, dass eine Frau die Sache in die Hand nehmen sollte. Ich sah zu, wie sie sich aufs Bett setzte und die Decke vorsichtig zurückzog. Norton rollte sich zu einem Ball zusammen und versteckte sein Gesicht. Aber während er mich bei meinen Aufheiterungsversuchen nicht mal angesehen hatte, fing er bei Janis langsam an, sich zu entspannen, während sie ihn streichelte und ihm Sachen zuflüsterte. Innerhalb von Minuten kam seine kleine Zunge heraus und leckte ihr die Finger. Als sie ihm sagte, dass es jetzt Zeit wurde, mit nach unten zu kommen und sein Abendbrot zu essen, stand er auf, sprang vom Bett herunter und folgte ihr die Treppe hinunter.

Es dauerte ein paar Tage, bevor Norton wieder ganz auf der Höhe war. Er konnte mir für eine Weile nicht in die Augen sehen. Irgendwie schämte er sich vor seinem Dad mehr für seine Auseinandersetzung mit dem orange-farbenen Chuck Norris als vor seiner neuen Mom. Mir fiel auf, dass Norton und Janis sich danach näherstanden. Irgendwie vertraute er ihr mehr als zuvor. Und irgendwie wusste sie das und tat das Gleiche.

Weil Janis sich so gegen eine Beziehung wehrte, war es leicht, ihre Höhen und Tiefen anhand ihrer Reaktionen auf die Katze zu beobachten. Wenn sie von ihrer Angst oder der Klaustrophobie einer Beziehung überwältigt wurde, dann schob sie Norton weg. Wenn sie mir liebe-voll gesonnen war, war es einfacher, es der Katze zu zeigen. Es war sicherer.

Unseren größten Streit hatten wir am Anfang über Nortons Schlafplatz. Sie *hasste* es, dass er bei uns schlief. Ich hatte den Punkt erreicht, wo ich nicht mehr gut schlafen konnte, wenn er nicht bei mir im Bett war. Sie fühlte sich erdrückt von ihm – vor allem, weil er darauf bestand, direkt zu ihrer Linken zu schlafen, neben ihrem Kopf. Da ich direkt zu ihrer Rechten lag, war sie mitten zwischen uns gefangen – für acht Stunden während der Nacht.

Norton ging vor uns beiden ins Bett und legte sich nor-malerweise auf Janis' Kissen (er schlief noch immer wie ein Mensch – den Kopf auf dem Kissen, den Körper un-ter der Decke). Sie ging dann vor mir ins Bett, hob Nor-ton hoch und warf ihn kurzerhand auf den Boden. Dann kam schließlich ich, und wenn ich das Licht ausmachen wollte, rief ich meinen Kumpel, und er kam angelaufen. Zuerst schlief er an meiner Seite, aber sobald es möglich war – was bedeutete, sobald Janis schlief und nicht da-gegen protestieren konnte –, zog er auf ihre Seite um. Sie schlief also distanziert und gemütlich ein, nur um mitten in der Nacht umzingelt aufzuwachen.

Die erste Phase der Erweichung kam, als sie aufhörte, Norton aus dem Bett zu werfen. Sie fing an, ihn stattdessen auf mein Kissen hinüberzusetzen. Dann wurde sie wütend, wenn sie sah, wie ich versuchte, mich ins Bett zu legen, ohne ihn zu stören.

»Er ist nur eine Katze!«, sagte Janis dann. »Schmeiß ihn runter vom Bett.«

»Nein, er liegt doch gerade so bequem«, antwortete ich dann, während ich versuchte, meinen müden Körper auf die sechzig Zentimeter Platz zu zwängen, die mir noch blieben.

»Wirf ihn raus!«, sagte sie wütend – aber wir waren uns beide bewusst, dass *sie* ihn nicht rausgeworfen hatte.

Diese Phase dauerte lange. Über ein Jahr. Es war die Phase in unserer Beziehung, in der keiner von uns wusste, ob wir zusammenbleiben würden, aber in der wir beide dachten, dass es so sein könnte, falls der Mensch zu so etwas wie einer dauerhaften Beziehung überhaupt in der Lage war. Sie warf uns nicht raus – weder mich noch die Katze –, aber sie hieß uns auch nicht mit offenen Armen in ihrem Leben willkommen.

Während dieser Phase wurde unsere Beziehung enger und stärker – wir entspannten uns beide; wir hörten beide auf, ständig über alles nachzudenken, und akzeptierten einfach, was war – und so war es auch mit Janis' Beziehung zu Norton.

Phase zwei war erreicht, als ich eines Abends nach oben kam und Janis mit Norton neben sich schlief – auf ihrer Seite des Bettes. Er nahm die Hälfte ihres Kopfkissens ein. Sie hatte sich nicht mit dem Platz zufriedengegeben, den er ihr ließ, um ihn nicht zu stören, aber sie hatte ihn auch nicht weggeschoben. Ungefähr zu diesem Zeitpunkt sagte sie mir zum ersten Mal, dass sie mich liebte.

Phase drei kam Monate danach, kurz nach dem berüchtigten Katzenkampf. Erschöpft war ich früh eingeschlafen, lange bevor Janis ins Bett ging. Norton, überglücklich, dass er mich ganz für sich allein hatte, ließ sich mitten auf ihr Kissen plumpsen und nahm unsere alte Schlafposition wieder ein, die Hälfte des Bettes für mich, die andere Hälfte für ihn.

In dieser Nacht schlief ich nicht sehr tief, deshalb war ich halb wach, als Janis schließlich ins Bett kroch. Ich sah, wie sie vorsichtig über den schlafenden Norton stieg – *sehr* vorsichtig, als wolle sie ihn nicht stören. Genau wie ich es schon so viele Male vorher getan hatte, zwängte sie sich auf die sechzig Zentimeter Schlafplatz zwischen mir und der Katze. Ich schlief ein, nachdem ich gespürt hatte, wie sie mir einen zärtlichen Kuss auf die Stirn gab – und nachdem ich gesehen hatte, wie sie ihr Ohr an Norton legte, um ihn schnurren zu hören, und wie sie auch ihm einen Gute-Nacht-Kuss gab.

Ungefähr zu dieser Zeit wurde uns klar, dass wir vielleicht einen großen Teil unseres Lebens zusammen verbringen würden.

Phase vier entstand auf komplizierte und umständliche Weise. Eines kann ich jedoch sagen, es war auf jeden Fall ein guter Test für unsere Beziehung. Und es passierte, weil ich zustimmte, meine Katze *erneut* nach Paris reisen zu lassen.

Es fing an mit einem weiteren Anruf von Roman Polanski, bei dem er mir mitteilte, dass er fand, wir sollten wieder etwas zusammen schreiben. Nicht etwas umschreiben – dieses Mal wollte er es von Anfang an mit mir machen.

Wir beschlossen, ein Buch zu verfilmen. Keiner von uns sprudelte nur so über vor Ideen für wunderbare, originelle Geschichten, und wir fanden, dass eine Adaptierung lustig, einfach und vom technischen Standpunkt aus gesehen sehr interessant war. Schon kurz nachdem ich zugestimmt hatte, dachte ich an ein Buch, zu dem ich gerne ein Drehbuch schreiben wollte. Es war brillant, es war dramatisch, es war unglaublich lustig und auf tragische Weise traurig. Ich holte es aus meinem Bücherregal, starrte es für mehrere Sekunden an und stellte es dann an seinen Platz zurück. Zu abgedreht, beschloss ich. Alle würden mich für verrückt halten. Es handelte sich um *Der Meister und Margarita* von Michail Bulgakov. Ich habe nie jemandem davon erzählt. Roman nicht und auch dem Studio nicht.

Ich fand kein anderes Buch. Polanski auch nicht. Das Studio schickte uns ständig Thriller. Der Regisseur lehnte sie ständig ab. Dann, ein volles Jahr, nachdem wir unsere Zusammenarbeit beschlossen hatten, rief Roman mich an. »Ich weiß, was ich machen will«, sagte er. »Hast du je von einem Buch namens *Der Meister und Margarita* gehört?«

Ich hielt das für einen Scherz. Er versicherte mir, dass es keiner war. Mir ging das Herz auf, und zwei Wochen später saßen Norton und ich in Paris und versuchten, aus einem der größten literarischen Werke des 20. Jahrhunderts ein Drehbuch zu machen. Ich weiß nicht, ob der Film jemals tatsächlich gedreht werden wird. Wahrscheinlich nicht, ist meine Vermutung. Zu teuer und zu abgedreht. Keine Chance auf eine Fortsetzung. Das sind die Unwägbarkeiten und Frustrationen, wenn man im Filmgeschäft arbeitet. Aber eines weiß ich genau: Es war nicht einfach.

Die Arbeit war qualvoll. (Oder zumindest so qualvoll, wie Schreiben sein kann. Ich möchte das Schreiben eines guten Dialogs auf keinen Fall gleichsetzen mit der Bekämpfung einer brennenden Ölquelle oder dem Ernten von Reisfeldern.) Roman war wie besessen von der Recherche und hielt sich peinlich genau an das seiner Arbeit zugrundeliegende Original. Er las das Buch auf Englisch. Dann las er es noch einmal auf Amerikanisch (es gibt zwei unterschiedliche Übersetzungen). Dann auf Polnisch, Französisch und schließlich Russisch. Jedes Mal, wenn er eine andere Fassung gelesen hatte, kamen ihm andere Ideen, oder alles lief in eine andere Richtung. Mit jeder neuen Idee arbeitete ich eine weitere Nacht – und ich arbeitete allein; die Nacht war für Roman definitiv nicht zum Arbeiten gedacht – bis zwei oder drei Uhr morgens.

Gott sei Dank hatte ich Norton. Nie habe ich seine Anwesenheit so zu schätzen gewusst wie zu dieser Zeit. Meistens legte ich mich, wenn ich abends von einem Tag bei Polanski nach Hause kam und intellektuell wie emotional völlig ausgelaugt war, für ein oder zwei Stunden aufs Bett, und Norton kuschelte sich an meine Seite. Dann bestellte ich den Zimmerservice oder ging mit Norton irgendwo etwas essen – dann wieder zurück in die Wohnung, wo ich noch mehrere Stunden über die Schreibmaschine gebeugt saß und versuchte, aus den Notizen und Entscheidungen des Tages etwas zu machen. Norton saß dann auf dem Tisch, direkt zu meiner Linken, und sah mir dabei zu, wie ich damit rang, dieses Buch in eine angemessene Filmform zu bringen.

Während ich versuchte, diesem verworrenen Roman einen Sinn zu entlocken, und während ich mit Roman – wieder und wieder – darüber sprach, machte es bei mir irgendwann klick. Aus dem Morast aus politischen und intellektuellen Theorien, die es in dem Buch im Überfluss gibt, rückte eine Sache in den Vordergrund. Während wir schrieben und diskutierten und stritten und uns anschrien und miteinander rangen, ergab diese großartige und dichte Fantasiegeschichte plötzlich auf eine Art einen Sinn wie noch niemals zuvor. Und merkwürdigerweise – sehr merkwürdigerweise, da mein Leben extrem weit entfernt ist von den im Buch dargestellten – erhielten das Buch und das Drehbuch einen Sinn durch meine sich entwickelnde Beziehung zu Janis. Und, ja, durch meine Beziehung zu Norton.

Der Meister und Margarita wurde in den 1930er-Jahren geschrieben und wurde nur deshalb 1939 beendet, weil der Autor in jenem Jahr starb, blind und bettelarm und ein Opfer von Stalins Unterdrückung. Es lässt sich leicht erzählen, was in dem Buch passiert. Aber es ist nicht leicht zu sagen, wovon es handelt. Die Haupthelden sind der Teufel, ein selbstmordgefährdeter Schriftsteller, ein schlechter Dichter, eine zwei Meter große Katze mit Zylinder und Weste, Jesus Christus, Pontius Pilatus und die schönste Frau der Welt. Es gibt brutale Morde, öffentliche Demütigungen, Kreuzigungen und eine Konfrontation mit dem ultimativ Bösen. Es finden sich auch scharfe Satire, zum Schreien komischer Slapstick, politische Parodien, religiöser Revisionismus und erschütternde philosophische Erkenntnisse. Es gibt Geister und Leute, die durch die Luft fliegen, und magische Transformationen. Oh – und es ist auch die größte Liebesgeschichte aller Zeiten. Alles in allem schätze ich, dass es verständlich ist, warum sich die Studios in Hollywood so schwer damit tun, grünes Licht für die Finanzierung zu geben: Wir reden hier nicht wirklich von einer Fortsetzung von *Kevin allein zu Haus*.

Jedenfalls, nach endlosem Durchsehen, Sortieren, Re-

cherchieren, Kürzen und Verlängern wusste ich schließlich, worum es bei *Der Meister und Margarita* wirklich
geht. Und da wären wir wieder bei Cindy und ihren Ab-
schiedsworten vor vielen Jahren.

Du weißt nicht, was Liebe ist.

Dank dieser Reise nach Paris, dank Janis und unserer
wachsenden Beziehung, und vor allem dank einer kleinen
grauen Katze mit einem runden Kopf und gefalteten Ohren *weiß* ich jetzt, was Liebe ist. Ich weiß jetzt nicht nur,
was sie ist, ich habe sie gefunden. Ich habe gesehen, wie
sie funktioniert, und ich habe gesehen, was sie tun kann.

Einige Tage, bevor ich das Ende des Drehbuchs schrieb,
rief Janis mich an. Sie war draußen in Sag Harbor. Es war
früh am Morgen nach ihrer Zeit, und früher Nachmittag
bei mir.

»Wieso bist du denn schon so früh auf?«, fragte ich.

»Ich konnte nicht schlafen«, erklärte sie mir. »Ich
schlafe in letzter Zeit nicht gut.«

»Warum nicht?«, wollte ich wissen.

»Ich vermisse dich«, sagte sie.

Wie Sie vielleicht bemerkt haben, bin ich süchtig nach
solchen Sätzen. »Ooohhh«, sagte ich. »Das ist so schön.«

»Aber das ist es nicht nur«, fügte sie hinzu.

»Was denn noch?«

»Ich schlafe nur noch gut, wenn Norton neben mir
liegt.«

Und so war es Janis' Erreichen von Phase vier, das
mir den Mut verlieh zu entscheiden, dass es in unserem
Drehbuch zu *Der Meister und Margarita* vor allem um die
Liebe gehen sollte. Um die Liebe in ihrer realsten Bedeu-
tung. Um die Liebe zwischen zwei Menschen. Zwei echten Menschen. Um Liebe, die Politik und Unterdrückung
und Kunst und Geschichte und Grausamkeit und so-

gar den Tod überdauert. Das Drehbuch zum Film endet so, wie Bulgakov sein Buch enden lässt. Der Meister und Margarita fliegen davon, nicht in den Himmel, sondern in eine Welt der Zweisamkeit, wo sie der oft grausamen und stets absurden Welt entkommen können, in der wir leben.

Meine Interpretation dieses großartigen Romans war, dass jeder von uns vor allem versuchen sollte, in einer Welt zu leben, in der die Liebe größere Priorität hat als der Schmerz. Nur dass es in meinem Fall, und jetzt auch in Janis', keine Welt der Zweisamkeit ist. Norton, der in diesem Moment auf meinem Tisch fünfzehn Zentimeter zu meiner Linken sitzt und mir dabei zusieht, wie ich diese Worte schreibe, erinnert mich daran, dass es definitiv eine Welt der Dreisamkeit ist.

9. Kapitel

Die Katze, die nach Los Angeles reiste

Eigentlich unterscheiden sich unsere Leben, jedenfalls die derer, die in der westlichen Zivilisation leben, nicht sehr voneinander. Wir sind alle den gleichen Zwängen unterworfen – der Zeit, der Stärke, den Gesetzen, den Erwartungen. In jedem Leben gibt es ganz individuelle Höhe- und Tiefpunkte, wilde Schwankungen zwischen Ekstase und Verzweiflung, großem Triumpf und herben Niederlagen. Aber es gibt auch, wenn man das große Ganze betrachtet, Erfahrungen, die wir alle teilen. Die Höhepunkte, die wir erleben und von denen wir glauben, dass niemand sie jemals wirklich nachfühlen kann, sind Höhepunkte, die jeder erlebt – Liebe, Sex, Erfolg. Die Traurigkeit, die uns auf eine so lebensverändernde Weise einhüllt, dass wir sicher sind, unsere Gefühle seien in ihrer Stärke einzigartig, hüllt uns alle ein – Krankheit, Trennung, Armut, Tod. Es gibt zwei Wege, die man einschlagen kann, nachdem man einen dieser Höhe- oder Tiefpunkte erlebt hat – man kann sich entweder ganz von der Welt zurückziehen, oder man kann diese Gemeinsamkeit akzeptieren und sie dazu nutzen, mehr über sich selbst und andere zu lernen.

Letztes Jahr erlebte ich zum ersten Mal die alles einhüllende Traurigkeit. Letztes Jahr starb mein Vater.

Meine Mutter rief ein paar Tage vor Thanksgiving an.

Sein Lungenkrebs, der einmal bis in seine Hüfte gestreut hatte, aber jetzt schon seit mehreren Jahren ruhte, war wieder ausgebrochen und hatte sich sogar noch weiter ausgebreitet. Er hatte vor kurzem seine Hüfte wie eine Eierschale zerbrechen lassen und durchlöcherte jetzt seinen Rücken. Mein Vater lag wieder im Krankenhaus, die Schmerzen waren unerträglich, und die Ärzte gingen davon aus, dass er nicht mehr lange leben würde.

Norton und ich saßen am nächsten Tag im Flugzeug. Die Stewardessen sagten, vielleicht, weil sie meine Traurigkeit spürten, nichts dazu, dass ich die Katze aus der Box heraus auf meinen Schoß ließ. Norton saß während des gesamten Fluges dort, ließ sich von mir streicheln und leckte manchmal meine Finger mit seiner rauen kleinen Zunge.

Ich erinnerte mich wieder an die Zeit nach Dads erster Operation. Man hatte ihm einen Lungenflügel entfernt. Wir hatten alle schreckliche Angst, was jetzt passieren würde, und Norton und ich flogen ebenfalls nach Hause. Als mein Dad aus dem Krankenhaus kam, hatte er furchtbare Schmerzen. Jeder Atemzug war eine Qual, und er konnte es nur aushalten, wenn er in einem riesigen, hässlichen Fernsehsessel saß, den meine Mutter genau zu diesem Zweck gekauft hatte. Er lehnte sich darin zurück, übte, mit einer Lunge zu atmen, und versuchte, die Qual der gebrochenen Rippen auszuhalten (so gelangen die Chirurgen an die Lunge, durch die Rippen). Aber am meisten erinnere ich mich daran, wie viel Angst mein Vater hatte. Er hatte Angst vor dem Sterben, sicher, aber noch mehr Angst vor den Schmerzen.

Der Sessel stand im Schlafzimmer meiner Eltern, am Fußende des Bettes. Mein Dad lag die meiste Zeit des Tages darin und starrte auf den Fernseher, weil der Schmerz sogar die Konzentration störte, die man zum Lesen braucht.

Er hatte damals schon zwei, vielleicht drei Tage lang in diesem Sessel gesessen und fast nur Angst gehabt. Ich befand mich gerade in meinem Zimmer, vielleicht zehn Meter entfernt, als ich meinen Dad meinen Namen rufen hörte. Es war kein freundlicher Ruf oder ein schwacher, zumindest nicht so schwach, wie er vorher geklungen hatte. Es war ein angsterfüllter Ruf, und ich lief sofort zu ihm.

Als ich ins Zimmer kam, sah ich, wovor mein Vater Angst hatte. Norton kauerte vor seinem Sessel, bereit zum Sprung, den Blick starr auf die Decke auf dem Schoß meines Vaters gerichtet. Sie sah aus wie ein einladender Platz, auf dem er sitzen und sich streicheln lassen konnte – vor allem, da die beiden schon vor langer Zeit gute Freunde geworden waren. Aber auf dem Gesicht meines Vaters lag kein freundlicher Ausdruck. Er hatte Angst, dass Norton auf ihn sprang und gegen ihn stieß, dass er vielleicht sogar direkt auf der langen, gezackten Narbe landen und ihm noch mehr Schmerzen bereiten würde. Mein Vater hatte sogar Angst davor, sich zu bewegen.

Ich erreichte Norton nicht rechtzeitig, um ihn aufzuhalten. Als ich ins Zimmer kam, deutete er meine Anwesenheit offenbar als Ermutigung. Und so sprang er.

Ich erinnere mich noch daran, dass es sich anfühlte, als sei die Zeit stehengeblieben, als bewege sich alles in Zeitlupe. Die Katze flog durch die Luft auf die Brust meines Vaters zu. Mein Vater starrte sie entsetzt an, vielleicht so angsterfüllt wie noch nie zuvor in seinem Leben.

Natürlich war es schon nach einer Sekunde vorbei. Norton war auf der gepolsterten Armlehne des Sessels gelandet und berührte meinen Vater nicht mal. Mein Dad ließ sich zurücksinken, erschöpft von der Anstrengung, sich so zu fürchten, und Norton setzte sich ganz sanft, so als wöge er nicht mal ein Pfund, auf den Schoß meines Vaters und fing an, ihm die Hand zu lecken. Mein Dad benutzte zitternd seine andere Hand, um meine Katze zu streicheln. Die Farbe kehrte zurück in sein Gesicht, und endlich sah er mich an. Er lächelte – es war kein strahlendes Lächeln, aber es war ein Lächeln – und nickte schwach.

Ich kam eine Stunde später zurück, um nach ihm zu sehen. Mein Vater schlief jetzt, den Kopf in den Sessel zurückgelehnt, sein Körper ganz entspannt. Seine Hand lag noch immer auf Nortons Körper, und Norton lag noch immer eingerollt auf der Decke auf seinem Schoß. Mein Dad wachte auf, als ich ins Zimmer kam, und lächelte erneut. Dieses Mal richtig. Irgendwie sah er nicht mehr so ängstlich aus. Ich glaube, er kam sich ein bisschen dumm vor, weil er solche Angst vor Norton gehabt hatte. Und ich glaube, er war auch erleichtert. Die Möglichkeit des Schmerzes war sehr real gewesen, doch der Schmerz war nicht gekommen. Ich glaube auch, dass meinem Vater erst in diesem Moment wirklich klar wurde, dass es ihm vielleicht bald wieder besser gehen würde, dass ihm zum ersten Mal bewusst wurde, dass er noch nicht sterben würde.

Als ich drei Jahre später bei ihm im Krankenzimmer stand, musste er sterben, und dieses Mal wusste er es.

Mein Bruder Eric und meine Mutter lebten jeden Tag mit diesem Druck, der sie völlig auslaugte, also wurde ich, weil ich gerade erst auf der Bildfläche erschienen war, sofort zur stärksten Person erkoren. Die Entscheidungen, die wir treffen mussten, waren nicht angenehm – wie viele Medikamente sollte er bekommen, wann sollte die Behandlung abgebrochen werden, wann sollte man aufhören zu kämpfen und sich in das Unvermeidliche fügen. Doch nach ein paar Tagen gab es nicht mehr sehr viele Entscheidungen zu treffen. Mein Vater war manchmal klar im Kopf und manchmal verwirrt, aber meistens eher verwirrt. Auf eine makabere Art mussten wir manchmal sogar über die Situation lachen – der endgültige Beweis, dass ich Recht hatte und Sarah nicht: Es gibt keine unangemessene Zeit für Humor.

Einmal stand mein Vater total unter dem Einfluss der Schmerzmittel und war überzeugt davon, dass Pete Maravich im Flur Basketball spielte. (Mein Vater hatte Pete Maravich unseres Wissens nach niemals getroffen; doch Eric meinte, dass es, da Maravich einige Monate zuvor gestorben war, kein gutes Omen sein könnte.) In einem seiner klaren Momente war mein Dad verwirrt über die Halluzinationen, die er an der Wand gesehen hatte – verwirrt, weil sie plötzlich verschwunden waren. »Aber sie waren so schön«, meinte er.

»Endlich«, antwortete ich, »kannst du verstehen, warum Eric und ich in den Sechzigern und Siebzigern all diese vielen Drogen genommen haben.«

»Also *das* war der Grund«, meinte er. Und dann sagte er: »Aber was ich nicht verstehe, ist, warum ihr wieder damit *aufgehört* habt.«

Mein Vater wollte nicht im Krankenhaus sterben. Also brachten wir ihn, als wir wussten, dass die Ärzte nichts mehr für ihn tun konnten, nach Hause.

Die Krankenschwester, die sich rund um die Uhr um ihn kümmerte, hatte ein Krankenbett in sein Zimmer gestellt, und dort legten wir ihn hinein. Das Bett stand neben seinem alten Sessel. Während der wenigen Tage, die er zuhause noch lebte, verließ Norton nicht ein Mal diesen Sessel. Er verbrachte den ganzen Tag dort; er schlief dort nachts und leistete meinem Dad Gesellschaft.

Eines Nachts wollte ich ihn bei mir im Bett haben. Es war spät, vielleicht zwei Uhr morgens, und ich brauchte Gesellschaft. Leise ging ich in das Zimmer meines Vaters. Er schlief – zu diesem Zeitpunkt lag er eigentlich schon in einer Art Halbkoma –, und die Krankenschwester las. Norton saß wach auf seinem Sessel und starrte meinen Vater an, als warte er auf ein Wort von ihm, dass er auf das Bett springen und ihn trösten durfte. Das Wort kam nicht, zumindest nicht, während ich dort stand und zusah. Ich nahm Norton nicht mit zurück in mein Zimmer. Ich ließ ihn dort auf dem Sessel und schlief allein weiter. Nur für den Fall, dass das Wort doch kam, dachte ich, dass er besser bereit sein sollte.

Am nächsten Tag starb mein Vater. Es passierte am späten Nachmittag.

Ich war nicht da. Ich war einkaufen gefahren. Irgendwie wusste ich es, als ich in die Einfahrt bog. Als ich den Wagen parkte, kamen mein Bruder und meine Mutter aus dem Haus. Sie weinten. Ich hatte es um wenige Minuten verpasst. Eric war bei ihm gewesen. Eine Minute hatte er im Schlaf noch tief geatmet, in der nächsten hörte er auf zu atmen. Das war alles.

Ich hatte mich schon ein paar Tage zuvor von ihm verabschiedet. Mein Dad war kaum noch bei Bewusstsein. Wenn doch, dann rief er manchmal nach einem von uns oder nach uns allen. Manchmal, wenn die Krankenschwester uns sagte, dass er wach war, gingen wir einfach zu ihm, weil wir nie wussten, ob es vielleicht die letzte Gelegenheit für uns sein würde, mit ihm zu sprechen oder ihm zuzuhören.

Irgendwann sagte mir die Krankenschwester, dass er wach sei und ich noch mal mit ihm sprechen sollte. Sie meinte, ich hätte sonst vielleicht nicht mehr die Chance dazu. Also verließ sie das Zimmer, und ich stand neben meinem sterbenden Vater und hielt seine kalte, klamme Hand. Ich wusste, dass er wusste, wer ich war. Zu diesem Zeitpunkt konnte er nicht mehr sprechen, aber er lächelte und rollte mit den Augen, als wenn er sagen wollte: »Schöne Scheiße, was?«

Ich musste ihm nichts sagen. Wir hatten uns sehr nahegestanden, als er noch lebte – ich meine, *wirklich* lebte, nicht gerade noch so lebte –, und ich hatte ihm viel gesagt, als es noch wichtig war. Ich musste ihm nicht sagen, dass ich ihn liebte. Er wusste das. Alles, was ich jetzt zu ihm hätte sagen können, hätte gekünstelt geklungen oder melodramatisch oder irgendwie sinnlos. Also sagte ich nichts. Ich hielt nur seine Hand und wartete, bis er wieder eingeschlafen war. Mein Dad konnte es nie haben, wenn Leute zu viel Theater machten. Ich glaube, er wusste das Schweigen zu schätzen.

An jenem Nachmittag kam Janis aus New York. Mein Vater war ganz verrückt nach ihr gewesen und umgekehrt. Sie hatten sich toll verstanden, hatten immer viel miteinander geplänkelt. Er hatte es ihr schwer gemacht, und sie hatte es ihm mit Freuden heimgezahlt. Er wusste es zu schätzen, wenn jemand es ihm schwer machte.

Als sie die Treppe raufkam, saß die ganze Familie am Bett meines Vaters. Er war nicht bei Bewusstsein gewesen, aber als sie hereinkam, regte er sich. Er war immer ein Mann gewesen, der gerne mit Frauen flirtete.

»Dad«, sagte ich, »Janis ist hier. Sie kommt dich besuchen.«

Er hob den Kopf, sah uns alle an, dann fiel sein Blick auf

sie. Sie lächelte ihn an. Er sah wieder meine Mutter an, dann meinen Bruder, dann mich – und rollte mit den Augen. Es war ein übertriebenes Rollen, und es war an Janis gerichtet. Das Rollen sagte: »Meine Güte – als wäre das alles nicht schon schlimm genug, und jetzt seht euch an, wer da ist!«

Wir mussten alle furchtbar lachen; selbst mein Vater gab sich alle Mühe zu lachen. Dann schlief er wieder ein und wachte nie wieder auf.

Es hat etwas Tröstliches, dass er mit seiner letzten Handlung in diesem Leben die Leute zum Lachen brachte. Er behielt seinen Sinn für Humor bis zum Ende, und das machte es für uns alle leichter.

Es gab keine gewöhnliche Beerdigung. Stattdessen veranstalteten wir eine Party. So hätte er es gewollt – mein Dad liebte Partys. Er liebte es, Gastgeber zu sein.

Mein Dad war in einer Weingruppe gewesen, und die Mitglieder brachten sehr guten Wein mit, um damit auf ihn anzustoßen. Eines der besten Restaurants in L. A. übernahm das Catering für den Abend. Drei der engsten Freunde meines Vaters hielten Reden, erzählten von ihm. Ihre Reden waren wunderbar lustig. Ich würde sagen, dass trotz der Tränen auf seiner Beerdigung so viel gelacht wurde wie auf jeder Party, die mein Dad jemals gefeiert hatte.

In jener Nacht, nachdem alle gegangen waren und auch Janis schlief, ging ich ins Bad, das Bad, das ich als kleiner Junge benutzt hatte, und brach dort zusammen und weinte. Ich weinte ungefähr eine Viertelstunde lang bitterlich, das Schluchzen schüttelte meinen ganzen Körper. Ich weinte, bis ich erschöpft war, bis ich keine Tränen mehr in mir hatte, keine Gefühle mehr.

Als ich fertig war, blickte ich auf und sah Norton, der

neben mir saß und mich anstarrte. Er hatte die Badezimmertür mit der Nase aufgeschoben und war zu mir gekommen.

Ich hob ihn hoch, küsste ihn auf den Kopf und hielt ihn fest, während ich im Bad saß und aus dem Fenster in den Garten starrte. Norton miaute nicht; er leckte mich auch nicht. Er ließ sich einfach von mir festhalten, solange ich wollte. Ich wusste das Schweigen ebenfalls zu schätzen. Ich war auch nicht in der Stimmung für zu viel Theater.

Ich weiß nicht, wie lange ich dort sitzen blieb. Ich weiß nur, dass es schon fast hell war, als ich wieder ins Bett ging.

Ich streckte mich aus, legte den Kopf auf das Kissen, schloss die Augen und schlief ein. Norton legte seinen Kopf auf mein Kissen und kuschelte sich an meine Brust.

Als ich aufwachte, war ein neuer Tag angebrochen. Viele Dinge hatten sich verändert, aber nicht Norton. Er schlief, immer noch an meiner Seite, immer noch bereit, sich von mir festhalten zu lassen.

 **Nachwort**

Manchmal mache ich mir Sorgen, dass es vielleicht an *mir* liegt, dass ich mir nur einbilde, dass Norton großartig und etwas ganz Besonderes ist. Aber manchmal werde ich daran erinnert, dass das nicht der Fall ist.

Vor nicht allzu langer Zeit bekamen meine Freunde Nancy und Ziggy ein Baby, einen wirklich wunderbaren kleinen Jungen namens Charlie Elroy Alderman. (Ja, für den Fall, dass sich jemand von Ihnen das fragt, er wurde nach Elroy aus den »Jetsons« benannt.)

Kurz nach Charlies Geburt fuhr Nancy ihn im Kinderwagen von ihrem Haus in Sag Harbor rüber zu uns. Es war ein Sonntagmorgen, und es war noch früh. Ziggy schlief noch und Janis auch. Es war Charlies erster Ausflug rüber zu den Nachbarn.

Nancy schob ihn zur Hintertür, holte ihn aus dem Kinderwagen und trug ihn ins Haus.

Norton, der auf einem Küchenstuhl geschlafen hatte, hob den Kopf, um sich den Neuankömmling in seinem Leben anzusehen. Nancy hielt ihm ihren kleinen Jungen hin.

»Sieh mal, Norton«, sagte sie. »Das ist ein Baby.«

Norton sah sich Charlie lange an, und dann schien er zu nicken, so als hätte er die Information verstanden.

Es entstand eine lange Pause, und dann hörte ich Nancy schlucken.

»Du hast es endlich geschafft«, sagte sie zu mir.

»Was?«, wollte ich wissen.

»Die meisten Mütter hätten gesagt: ›Schau mal, Charlie, das ist eine Katze.‹«

Ich musste lachen.

»Nicht bei Norton«, meinte ich.

Nancy musste auch lachen.

»Nein, nicht bei Norton«, stimmte sie zu.

Der Werdegang einer urbanen Farmerin:
Wunderbar inspirierend und
zugleich schreiend komisch

Novella Carpenter
MEINE KLEINE
CITYFARM
Landlust zwischen
Beton und Asphalt
Aus dem amerikanischen
Englisch von
Veronika Dünninger
384 Seiten
ISBN 978-3-404-60657-3

Novella hat einen Traum: Zurück zur Natur mit einem eigenen kleinen Bauernhof. Aber würde sie dafür aufs Land ziehen? Weit weg von Kneipen, Konzerten und Freunden? Niemals! Der Ort, der Novellas Träume vereint, befindet sich unweit der Autobahn, umgeben von Beton und Werbetafeln, verruchten Kaschemmen und exzentrischen Nachbarn.

Doch wie macht man aus einer zugemüllten Brachfläche eine blühende Oase mit glücklichen Hühnern und Schweinen? Und wie aus Schweinen Salami? Bewaffnet mit Büchern, guten Ratschlägen und unglaublichem Tatendrang, aber ohne die leiseste Ahnung von Landwirtschaft macht sie sich ans Werk.

Bastei Lübbe Taschenbuch

»Wer Katzen liebt, kann gar nicht genug
kriegen von dieser Katzenliteratur.«
KÖLNER STADT-ANZEIGER

Detlef Bluhm
DIE KATZE, DIE NACH
DEN STERNEN GRIFF
Überraschende
Mitteilungen für
unverbesserliche
Katzenfreunde
176 Seiten
mit zahlreichen
Abbildungen
ISBN 978-3-431-03760-9

Detlef Bluhm hat ein Kaleidoskop des Katzenwissens zusammenge-stellt, das viel Überraschendes und Neues zu bieten hat. So lernen wir bekannte Persönlichkeiten und ihre Katzen kennen, wandern in Kunst und Literatur auf Katzenpfaden und entdecken die Katze in unserer Sprache. Wollten Sie beispielsweise immer schon wissen, woher dieser lästige »Kater« kommt? Oder kennen Sie die Stadt der Katzen? Wussten Sie, dass zahlreiche amerikanische Präsidenten, Charles Bukowski oder James Dean eine besondere Beziehung zu Katzen pflegten? Was englische Katzenhalter über ihre Lieblinge sagen oder woher die Hauskatze kommt?
Was Sie schon immer über Katzen wissen wollten, erfahren Sie hier. Ein Buch für alle Felle!

Lübbe Ehrenwirth